KB110970

대학의 배신

인문학은 N포 세대를 구원할 수 있는가?

대학의 배신

마이클 로스 지음 | 오찬호 해제 | 최다인 옮김

지식프레임

이 책을 출판하고 나서 나는 미국의 고등교육이 직면한 과제에 관해 여러 단체와 이야기를 나누었다. 또 수많은 학생들을 만나 점점 오르는 등록금과 학자금 대출을 감수하면서까지 대학 교육을 받을 가치가 있을지 고민하는 그들의 목소리에 귀를 기울이기도 했다.

오늘날 문화와 경제가 빠르게 변화하고 있다는 사실을 부정할 수는 없다. 하지만 나는 교육 관계자들을 만나면 여전히 대학이란 특정 전문 기술만을 배우는 곳이 아니라 우리가 살아가고 일하는 세계 안에서 개인적, 사회적 삶을 탐색할 더없는 기회라는 점을 잊어서는 안 된다고 강조한다. 그러나 안타깝게도 이러한 내 의견은 고등교육의 세계적 추세, 한국에서도 두드러지게 나타나는 전문화 경향과는 동떨어져 있다.

'효율성'을 위해 각 대학이 시행하는 구조조정은 대개 경제를 떠받치는 요소와 직접적 관련이 없는 학문 분야를 희생하는 방향으로 흘러간다. 한국의 오랜 전통인 전인교육 대신 도구주의에 기반을 두고 구조조정을 꾀하는 대학은 학생들을 눈앞의 미시경제에 적응시키는 것만을 목표로 삼는다.

이 책에서 살펴볼 바와 같이 미국에서 폭넓고 통합적인 교육, 즉 자유 교양교육을 둘러싼 논쟁은 건국 초기부터 지금까지 끊이지 않고 있어 왔다. 미국 독립의 핵심 인물 몇몇은 교육이야말로 자치와 자유로 통하는 길이라고 생각했다. 그러나 교육에 대한 비판의 역사 또한 만만찮게 길다. 18세기 벤저민 프랭클린부터 오늘날의 인터넷 전문가들에 이르기까지 많은 이가 교양교육의 비실용성과 엘리트주의를 비판하며 직업교육을 강화해야 한다고 역설했다. 프랭클린이라면 아마도 대학 교육에 반대하는 다음과 같은 의견에 동의를 표했으리라. "대학에 꼭 갈 필요는 없다. 세상에 나가 자신이 원하는 것을 배우면 된다. 자신이 혁신가라고 생각하는가? 그 사실을 증명하는 데 대학 졸업장은 필요 없다. 회사를 세워 성공하고 싶은가? 그렇다면 군이 고루한 교수들에게 허락받을 필요가 없다." 실제로 독립전쟁 당시의 혁명이론가 토머스 페인부터 스티브 잡스에 이르기까지 지혜와 대담함으로 무장하고 스스로 배워 길을 개척한 인물늘의 이야기는 미국인들에게 큰 영향을 미쳤다.

반면 프랭클린은 오만에 빠진 편협함을 매우 경계하기도 했다.

'사회생활 첫날'부터 제 몫을 해내야 한다는 명목 아래 젊은이들을 점점 더 좁은 분야로 밀어넣는 오늘날의 교육 현실을 본다면 그는 아마 눈살을 찌푸릴 것이다. 사회와 경제가 젊은이들에게 점점 때 이른 전문화를 요구할수록, 사람들은 시민으로서 적절한 자질을 갖출 수 없으며 직업 환경의 변화에도 적응하지 못하게 된다는 사실을 프랭클린은 잘 알고 있었다.

정치적 속임수를 꿰뚫어볼 줄 아는 시민은 부와 권력에 맞서 자신의 권리를 지킬 줄 아는 노동자가 된다. 그래서 교육은 어리석은 독재자와 거만한 특권층으로부터 우리를 보호하는 장치이다.

오래전부터 자칭 교육 개혁가들은 대학 내에서 일어나는 모든 활동이 현실과 동떨어져 있다고 주장하기 위해 도구주의에 입각한 근거를 동원했다. 오늘날 많은 보수 학자들은 저임금 노동에 종사할 이들이 어째서 고등학교 이상의 교육을 받아야 하며 왜 굳이 철학이나 문학, 역사를 배울 필요가 있느냐는 질문을 던진다. 이런 제한된 도구주의적 관점으로만 보면 학생은 원하는 지식을 골라 담은 '재생 목록'을 구입하는 소비자일 뿐이다.

지난 수년간 많은 한국 학생들도 이러한 제도에 저항해 왔다. 고려대학교 경영학과 3학년이던 김예슬은 경제적 안정을 확보하고 돈을 벌기 위해 학생들이 젊음과 삶, 영혼을 희생해야 한다는 철학을 밀어붙이는 교육제도를 비판하며 자퇴를 선언해 한국 사회에서 큰 반향을 일으켰다. 하지만 대학을 실용적으로 개혁하겠다는 도구주의로의 흐름은 더욱 가속화되고 있다.

교양교육에 대한 비판 가운데 더욱 전문화된 교육, 특히 당장 경제적 이득을 가져다주는 교육이 필요하다는 주장은 예전부터 존재했다. 약 백 년 전 미 상공회의소와 미국 노동 총동맹 등 여러 단체는 일부 학생들에게 산업계 발전에 필요한 특정 직업교육을, 다른 일부에게는 대학 진학을 목표로 폭넓은 교육을 받게 하는 이원 교육안을 지지했다. 이들의 노력을 바탕으로 1917년 직업교육을 지원하는 스미스 휴즈(Smith-Hughes) 법이 탄생했고, 지원 범위는 농업에서 시작해 다른 분야로까지 점차 확대되었다.

철학자이자 미국 역사상 가장 영향력 있는 교육 사상가인 존 듀이는 이러한 움직임에 반발했다. 듀이는 교과과정에 기술 교육을 통합하는 데에는 동의했지만, 학생을 둘로 나누어 교육하는 방식은 사회적 불평등을 강화한다는 점을 간파하고 이원 교육제도에 반대 의견을 표했다. 이러한 그의 통찰은 오늘날에도 유효할 것이다.

물론 그가 돈을 벌 수 있는 일자리의 필요성을 간과한 것은 아니다. "우리가 사는 세상은 거의 모든 이가 무언가 일을 하고 직업을 갖는 세상이다. 어떤 이는 관리자가, 어떤 이는 부하 직원이 된다.

모든 사람이 각자 자기 일에서 인간적이고 위대한 의미를 발견하도록 도와주는 교육을 받는 것이야말로 모두에게 이로운 일이다."

듀이는 교육을 통해 개인의 능력을 키울 수 있도록 도움으로써 인간이 단순한 도구로 전락하는 것을 막을 수 있다고 주장했다. 그렇다면 과연 우리는 어떠한가?

비즈니스의 도구로 쓰일 '인적 자본'이 되고 싶어 학교에 다니는 사람이 있을까? 자기 자녀가 남의 목적에 활용될 뿐인 자원이 되기를 바라는 부모가 있을까? 듀이는 그렇지 않다고 생각했다. 20년 뒤의 세상에서 어떤 기술이 중요할지 미리 아는 것은 불가능하므로 학교는 학생들에게 무엇보다도 '배우는 습관'을 가르쳐야 한다고 지적했다.

듀이의 관점에서 배움이란 스스로 생각하는 방법뿐 아니라 인간이 서로 의존한다는 사실을 깨닫는 것까지를 포함하는 개념이었다. 모든 일에 통달한 사람은 없기 때문이다. 그는 경험을 통해 변화할 줄 아는 능력인 '적응성'을 강조하며 이렇게 말했다. "삶 자체에서 배우는 것, 모든 사람이 살아가는 과정에서 무언가를 배울 수 있는 삶의 환경을 만드는 것이야말로 교육에서 얻을 수 있는 최고의 결실이다."

삶 자체에서 배우는 습관은 전통적 교양교육뿐 아니라 공학에서 간호학에 이르기까지 실용 기술에 중점을 둔 학문을 통해서도 얼마든지 기를 수 있다. 중요한 것은 학생들이 실무 기술을 익히면서도 계속 무언가를 배워나가려는 마음가짐을 지니도록 이끄는 것이다. 내가 책에서 실용적 교양교육이라 부른 새로운 교양교육은 학생들이 단순히 피고용인 또는 관리자가 아니라 개인으로서, 가족 구성원으로서, 시민으로서도 제 몫을 하는 사람이 되도록 도울 것이다.

오늘날 고등교육은 심각한 위기를 맞이했다. 예산 부족에 시달리는 정부와 관공서는 공립대학 지원 예산을 삭감하고, 대학은 투자자와 등록금을 낼 학생을 끌어들여 수익을 낼 프로그램을 짜기에 급급하다. 등록금은 높아지고 학자금 대출은 늘어나는 반면 학생들의 학업 능력은 오히려 퇴보하고 있다. 전문화가 야기하는 불평등은 사회에 심각한 영향을 미치고, 일부 일류 대학은 오로지 전문성에 집중한 나머지 학부 교육이라는 대학의 핵심 임무를 소홀히 한다.

그러나 이러한 문제가 아무리 심각하더라도 배운다는 것이야말로 가장 심오한 형태의 자유라는 사실을 잊어서는 안 된다. 민주주의를 지향하는 나라에서 교육이 지니는 가장 중요한 의미는 사회 안에서 자유를 함양하는 것이다. 학교는 남이 미리 정해 둔 제한적 기능을 수행할 준비를 하는 훈련소가 아니다. 고등교육의 가장 고등한 목적은 모든 시민이 자기 삶과 일에서 "인간적이고 위대한 의미"를 발견할 기회를 주는 데 있다.

이 책에서 거듭 강조하듯 교양교육은 단순한 훈련이 아니라 상호 의존이라는 맥락 안에서 스스로 생각하는 법을 가르치는 것이다. 역사적으로도 민주주의 발전에 있어 학식 있고 균형 잡힌 시민은 항상 건전한 국가 구성에 없어서는 안 될 요소였다. 폭넓은 지식을 지닌 시민은 단지 전문 기술의 집합체가 아니라 온전한 인간이어야 한다. 그러나 오늘날 실리콘밸리의 성공 전략을 들먹이며 교육을 비판하는 이들은 이런 맥락의 폭넓은 교육을 그저 돈 안 되는 낭비로 치부한다.

소득 불평등이 극심한 사회에서 첫 직장을 구하는 데 따르는 불안 탓에 많은 사람이 지금 당장 시장에서 필요로 하는 인력이 되고자 애쓰는 현상은 어쩌면 당연한 일이다. 비싼 대학 등록금과 학자금 대출의 부담은 이러한 불안을 더욱 부추긴다. 그렇기에 사람들을 '소비자'로, 혹은 재능 있는 사람이라면 '혁신가'로 키우는 교육이면 충분하다는 주장이 힘을 얻는다. 그러나 시간이 흘러 시장 상황이 변하면 이렇게 제한된 의미의 훈련만을 받은 이들은 밀려날 수밖에 없다. 반면 시장 동향을 좌지우지하는 권력자들은 대개 전문 기술이라는 틀에 갇히지 않아도 되며, 그러므로 아무 불이익도 받지 않는다. 그들은 비판의 목소리를 높이며 교육 개혁이라는 허울로 특권과 불평등을 유지하고자 하는 욕망을 그럴싸하게 포장한다. 우리는 이런 자들을 항상 조심해야 한다.

20세기 초반 W. E. B. 듀보이스는 이렇게 말했다. "돈을 교육의 목적으로 삼는다면 장사꾼은 키울 수 있지만 진정한 인간은 키울 수 없다." 나아가 그는 "지성과 넉넉한 공감 능력, 어제와 오늘의 세상에 대한 지식, 그리고 세계와 인간의 관계, 이런 것들을 가르치는 고등교육이야말로 진정한 삶을 떠받치는 기반"이라고 강조했다. 행동 양식을 바꿀 수 있는 사고방식을 기르는 교육이 중요하기 때문이다. 배움의 핵심은 세상을 정확히 설명하는 진리에 도달하는 것이 아니라, 세상에 대처할 더 나은 행동 방식을 찾아내는 데 있다.

한편 제인 애덤스는 '더 나은 행동 방식'에 초점을 맞추고 우리 사회에서 가장 취약한 계층에게 필요한 것을 채워줄 상호 교육기관을 설립했다. 그는 강한 학구열을 지니고 있었지만, 현실에 참여하지 않는 지식은 의미가 없다고 확신했다. 교육은 우리가 타인에게 반응하는 능력을 무디게 하는 것이 아니라 더욱 강화하는 방향으로 나아가야 한다는 것이다. 애덤스는 대학이 학생들에게 '행동하는 습관'을 길러주어야 한다고 생각했다. 교육기관은 학생들이 오만한 자기중심주의에서 벗어나 사회와 문화에 긍정적인 변화를 일으킬 수 있도록 이끌어야 했다.

실용주의적 교양교육은 학생들이 일과 삶에서 맞닥뜨리는 문제를 제대로 해결할 능력을 길러주는 것을 목표로 삼는다. 그것은 타인과의 관계와 맥락을 고려하고 주의를 기울이는 습관, 졸업 후에도 잣대로 삼을 수 있는 비판 정신을 키워주는 교육이어야 한다. 이런 교육의 가치를 실현하기 위해서는 학생을 단순히 개선해야 할 도구가 아니라 온전한 인간으로 인정하는 자세가 중요하다. 물론 우리에게는 기술적 도구도 필요하다. 하지만 그 전에, 대학은 학생이 평생 지니고 갈 비판적, 창조적 자세와 배움을 위한 배움을 가르치는 터전이 되어야 한다.

19세기 에머슨은 학생들에게 "야만으로 역행하는 천박한 성공을 거부"하라고 촉구했다. 에머슨이 생각하는 참된 교육은 자기만의 세계에 파고드는 것이 아니라 자신을 확장함으로써 자신만의 길을 찾도록 돕는 것이었다. 그는 모든 것을 인지하되 그 무엇도 모방하지 말라고 강조했다.

이렇게 주의력을 갈고닦는 목적은 어떤 궁극적 진리를 발견하는 것도 아니며, 평생을 두고 생각하면 그다지 중요하지 않을지도 모르는 첫 직장에 철저히 대비하기 위한 것도 아니다. 교양교육의 목적은 존 듀이의 말대로 "경직성과 일시적 변화로부터 자유로운 경험"을 쌓는 데 있다. 이 목표를 실현할 수 있다면 우리는 이 세상에 더

욱 효율적으로 대처할 수 있고, 대학을 벗어난 뒤에도 온전한 인간

으로서 계속 성장할 것이다.

40여 년 전, 웨슬리언대학교 새내기 시절만 해도 나는 자유 교양 교육이 무엇인지 정확히 알지 못했다. 아버지는 할아버지의 뒤를 이은 모피상이었고, 어머니는 아버지와 결혼하기 전에 밴드에서 노래를 부르셨다. 그런 분들에게 대학 캠퍼스란 외국만큼이나 낯선 곳이었다. 하지만 자식만큼은 꼭 대학에 보내고 싶어 하셨던 게 그분들의 아메리칸 드림 가운데 하나였다. 그리고 지금 나는 부모님이 데려다 주신 이곳, 내가 철학 개론과 심리학의 한 분과인 이상심리학을 처음 접했던 모교에서 총장직을 맡고 있다.

그사이 대학 교육은 많은 변화를 겪었다. 이제 명문대에 들어가려는 학생들은 소비자의 자세로 입시를 치른다. 8학기를 어떻게 보낼지 구체적인 계획을 세우고 자신에게 필요한 과정을 미리 정한 뒤, 그에 따라 학교를 고른다. 복수 전공을 택해 이력서에 쓸 내용을 늘리고 취업에 유리한 자격을 갖추려 노력한다. 한편 부모들은 캠퍼스의 시설이 어떤지, 엄청난 등록금이 아깝지 않을 만큼 교육과정은 유용한지 확인하고 싶어 한다.

정부의 지원이 줄어들자 미국의 대규모 공립학교에서는 학생 수를 늘리고 교직원 월급을 깎고 시간강사 비율을 높이는 추세다. 그 탓에 캠퍼스에서는 학부 강의의 수준이 떨어졌다는 불만의 목소리가 커지고 있다. 그런가 하면 대학 교육을 받을 만한 준비를 전혀 하지 않은 채 입학하는 학생들도 많아졌다. 그 결과 교수들은 학업 능력이 현저히 떨어지는 학생들에게 강의 수준을 맞추어야 할지 말지를 고민한다. 학생들도 입학 후 2년 내에 학교를 그만두거나, 이 기간을 버텨내더라도 학위를 따지 못하는 경우가 적지 않다.

오늘날 사람들은 '대학 교육'이라는 말을 들으면 '자유로운 배움'보다는 '학자금 대출'을 먼저 떠올린다. 부모는 자녀가 받는 교육이 당장 먹고사는 데 쓸모 있기를 바라고, 학생 스스로도 번듯한 첫 직장을 향한 좁고 곧은길을 기꺼이 걸으려 한다. 이런 현실을 생각하면 대학이 평생학습의 토대가 될 교양교육을 하는 곳이라는 말은 그저 탁상공론으로 들릴지도 모른다. 먹고살기도 쉽지 않은 경쟁사회에서 교양을 쌓는다는 것은 점점 있는 집 자녀들이나 누리는 호사로 인식되고 있다.

이 책은 이런 현실에 대한 비판적인 인식에서 시작한다. 평생을 두고 배워나갈 폭넓고 다양한 교육을 단순히 취업에 필요한 학부 교육으로 때우는 것은 우리 사회의 큰 실수다.

인본주의 교육은 오랜 세월 동안 인간이 자기 자신과 그들을 둘러싼 세계를 변화시킬 수 있도록 이끌어왔다. 또 이것을 가르치는 교육은 개인의 자유와 미래를 향한 희망, 다시 말해 자기 힘으로 생각하고 창조성을 발휘해 사회에 이바지하는 것을 도왔다. 세상을 폭넓게 이해하고, 스스로를 비판적으로 되돌아보며, 사회에 도움이 되고자 하는 교육의 정신은 혁신을 꿈꾸는 문화와 경제의 필수 요소다. 나아가 민주주의를 지향하는 사회에서 시민이 갖춰야 할 필수 교양이기도 하다.

'교양'이란 말은 오래전부터 있어 왔지만, 중세를 거치면서 어엿한 학문 분야로 자리매김했다. 서구의 전통문화는 고대 그리스에서 시작됐는데, 당시의 '자유 교육'이란 원래 학문을 추구할 자유를 의미했다. 교양교육에는 학문을 통해 사물을 더 깊이 이해함으로써 정신적 자유를 얻는 법을 가르친다는 뜻이 담겨 있었다.

중세에 이르러서는 철학·신학 또는 수사학·웅변술이라는 큰 틀 안에서 일곱 가지 교양과목(문법, 논리학, 수사학, 산술, 지리, 음악, 천문학)이 강조되었다. 당시의 교양교육은 오늘날 철학에서 쓰이는 비판적 접근 방법보다는 고전에 대한 깊은 이해를 중요하게 생각했다.

따라서 진리를 발견하기 위한 철학적 탐구가 아니라, 위대한 고전에 담긴 가치를 배우는 것을 목표로 삼았다. 기존 문화를 존중하고 문화유산을 소개하는 것을 무엇보다 중요하게 여겼던 것이다.

그러다 18세기 계몽주의의 유행 이후로 이런 방식의 교육은 과학과 비판적 지성의 거센 도전을 받았다. 철학으로 대표되는 비판 정신은 탐구에 초점을 맞춘 회의적 태도를 지향한다. 이로 인해 교양교육의 유형도 상당한 변화를 겪었다. 19세기 후반 독일에서 미국까지 서구 곳곳에 생겨난 연구 중심 대학의 상징인 비판적 접근은 기존의 고전과 신학 연구를 대체했다. 연구 중심 대학의 이러한 인식 체계는 오늘날의 대학 교육 방식에도 커다란 영향을 미쳤다.

이렇게 고전 연구와 비판 정신이라는 두 가지 전통은 다양한 방식으로 엮이며 '완전한 인간(全人)'을 길러내는 여러 교육 유형을 낳았다. 몇몇 현대 학자들은 교양교육, 특히 인문학에서 이 두 가지 전통이 불편한 공존 관계를 유지해 왔다고 지적한다.

이 책에서 말하는 자유 교양교육은 '전인'으로서 배워야 할 고전 지식과 비판 정신을 모두 아우른다. 오늘날 고등교육은 주로 탐구와 비판적 사고, 즉 연구를 통해 착각에서 벗어나고 지식을 얻어 자율적 인간으로 성장하는 법을 강조한다. 그러나 비판 정신은 교육의 한 측면일 뿐, 이를 지나치게 강조하다 보면 정작 자신만의 생각을 키우고 창조성을 발휘하는 데 어려움을 겪을 수도 있다. 한편 교양을 중시하는 대학에서는 학생들에게 위대한 문화유산의 참맛을 느끼고 직접 그것을 향유하는 법을 가르칠 때 고전을 활용한다. 이런 방법은 학생들이 종교, 미술, 문학, 과학, 음악 등 다양한 분야에서 고전적 지식을 바탕으로 자신과 타인의 관계를 이해하도록 돕는 역할을 한다. 고전을 가르치는 교양교육은 생각하는 것과 생각한 바를 표현하는 것, 다시 말해 철학과 수사학을 잘 버무리는 과정이다. 그런 점에서 우리가 배우는 법을 배우도록, 배움이야말로 인간다움의 일부임을 깨닫고 끊임없이 탐구하며 문화를 향유할 수 있도록 이끌어준다.

이 책은 역사적으로 교육에 대해 지금도 귀 기울일 가치가 있는 의견을 내놓은 사상가들을 살펴본다. 이들 대부분은 미국인이지만, 여기서 살펴볼 개념은 제국주의에 반대했던 민주화 시기부터 창조와 혁신을 추구하는 오늘에 이르기까지 전 세계에서 교육을 논할 때 빠뜨릴 수 없는 중요한 주제를 다루고 있다.

가장 먼저 소개할 인물은 토머스 제퍼슨이다. 부와 권력의 남용에 맞서기 위해 반드시 갖추어야 할 무기가 교육이라고 생각했던 그는 "무지를 타파할 성전(聖戰)을 선포하고, 일반 대중을 위해 필요한 교육법을 제·개정해야 한다"고 주장했다. 제퍼슨은 정부의 부정부패를 없애는 것이 시민교육에 달려 있다고 주장하기도 했다. 버지니아대학교를 설립할 당시 그는 학생과 교수진의 학문 추구의 자유를 보장해야 한다고 강조했다. 또 하버드 같은 대학과 달리 학생들이 "예정된 특정 직업"만을 향해 가도록 강요하지 않을 것이라고 말했다. 교육의 개인적, 사회적 목적에 대한 그의 견해는 취업을 지상 가치로 삼는 오늘날 대학 교육에도 시사하는 바가 크다.

한편 랄프 월도 에머슨은 교양교육을 통해 세계의 다양한 면(자연이나 문화, 집단 등)을 비판하는 능력뿐 아니라 사회에 '생기를 불어넣는' 능력을 갈고닦을 수 있다고 주장했다. 에머슨은 "대학은 주입식 교육이 아니라 창조를 목표로 삼을 때, 열린 자세로 다양한 재능이 존재함을 인정하고 청년들의 가슴에 불을 지필 때 제 역할을 다할 수 있다"고 강조했다.

제인 애덤스는 교육을 통해 감정을 이입하는 법을 배우고, 타인과 공감하는 능력을 기르는 것이 중요하다고 여겼다. 참된 교육을 통해 우리는 가능성을 발견하고, 예전에는 상상도 못했던 한계 너머의 세상을 발견할 수 있다. 교육의 목표가 단지 정해진 역할을 수행할 일꾼을 길러내는 것에 머물러서는 안 되는 이유가 여기에 있다. 교육은 우리가 우리 자신의 한계를 뛰어넘을 수 있도록 도와야 한다. 자유로운 배움을 통해 우리는 우리의 가능성을 넓히고, 환경과 미래에 대한 희망을 기약할 수 있다.

존 듀이는 "자신에게 어울리는 일을 발견하고 그 일을 할 기회를 붙잡는 것이 행복의 비결"이라고 했다. 그의 말처럼 자유 교양교육은 학생들의 미래를 미리 정해 두고 시작하는 것이 아니라, 그들이 스스로 하고 싶은 일을 발견하고 기회를 붙잡을 수 있도록 돕는 역할을 해야 한다.

지난 몇 년간 시사평론가들(물론 이들은 대개 교양교육을 받았지만)은 사람들이 꼭 배움을 통해 뭔가를 발견해야 할 필요가 있느냐는 질문을 다시 꺼내 들었다. 이를테면 경제학자들은 집배원이 학문을 배우는 데 시간과 돈을 쓸 필요가 있는지, 차라리 그 돈을 저축해 집을 사는 편이 낫지 않은지 의문을 제기한다.

한편 사회학자들은 대학 진학율이 높아지면서 학생들이 자신의 경력 개발에 직결되지도 않는 불필요한 능력을 갖춰야 한다는 압박을 받고 있다고 지적한다. 전문가들은 교양 수업이 더 의미 있게 바뀌어야 한다고 주장하는 반면 정치가들은 효율성을 추구해야 한다고 목소리를 높인다. 그래선지 많은 이들이 교양과목이라 불리는 강의는 돈이 많이 들고 현실과 동떨어져 있으며 엘리트주의에 빠지기 쉽고 정치적으로도 올바르지 않다고 비판한다.

그러나 이런 불만들은 제퍼슨이 처음 버지니아대학교 설립 계획을 발표했을 때나, 우리 부모 세대가 자식들을 대학에 보내겠다고 했을 때 부딪혔던 반대와 별반 다르지 않다. 경제적 욕망과 불안이 지배하는 나라에서 교양교육은 늘 이런 비판에 맞닥뜨리기 마련이며, 미래에 대한 희망을 품기 어려운 오늘날에는 더욱 그럴 수밖에 없다.

만약 대학 교육이 직업을 얻기 위한 훈련에 불과하다면, 교양교육도 아무런 의미가 없을 것이다. 그러나 대학이 직업 역량을 키우는 형식적인 기관이 아니라 지식과 경험을 쌓는 곳이라면, '특정 직업'을 위한 훈련이 아니라 자유로운 탐구를 소중히 여기는 과정이라면, 우리는 교양교육의 대상이나 범위를 제한하자는 요구에 맞서야만 한다.

최근 몇 년간 미국 고등교육은 파격적일 만큼 눈에 띄는 변화를 겪었다. 기술 발전 덕분에 누구나 비교적 적은 비용으로 최고의 강의를 들을 수 있게 된 것이다. 대규모 온라인 공개 강의(MOOC, Massive Open Online Course)가 그 예다. 온라인 강의는 대학의 미래를 염려하는 이들 사이에서 화제가 되었다. 대학의 효율성을 주장하는 사람들은 온라인 강의를 통해 기업이 필요로 하는 기술과 자격증을 얻을 수 있을 것으로 기대했다. 한편 대학의 상업화를 우려하는 이들은 이런 온라인 강의가 고등교육의 인간소외와 몰개인화를 더욱 부추긴다고 비판해 왔다. 나 역시 이런 온라인 공개 강의에 회의적이었다. 하지만 온라인 강의 포털 코세라(Coursera)에서 전통적인 인문학 강의인 '모더니즘과 포스트모던'을 강의해 보고 생각이 바뀌었다. 그리고 지금은 대학 교육을 발전시키는 데 이 플랫폼을 활용할 수 있다고 믿는다.

그곳에는 대학 진학을 꿈꾸는 고등학생, 퇴근 후에 시를 논하고 싶어 하는 회사원 등 배움에 대한 깊은 열정을 계속해서 간직하고 있는 세계 각국의 사람들이 모여 있었다. 어떤 학생은 몸이 불편한 부모님을 모시느라 대학에 갈 수 없었던 자신에게 이 수업이 얼마나 큰 위안이 되었는지 모른다고 털어놓았다. 대학 시절에 느꼈던 활기가 그리워졌다는 사람이 있는가 하면 대학에 갈 기회조차 없었다는 사람도 있었다. 이 강의가 "배우고자 하는 마음에 불을 지폈다"고 답한 싱가포르 출신 학생도 있고, 어머니와 이 강의를 주제로 토론하고 싶어 함께 등록했다는 스위스 대학원생도 있었다. 인도 남부에 사는 한 학생은 정규 교육과정을 마친 지 10년이 지난 지금도 "배움을 통해 살아 있음을 느낀다"는 이야기를 했다. 이들은 모두 지적인 자극을 받고 싶어 했고, 참여하고 싶어 했다. 다시 말해 이들은 대학이라는 시간과 공간을 뛰어넘는 교양교육의 가치를 알아본 것이다.

수강생들과 내가 이 강의에서 풍부한 경험을 얻을 수 있었던 것은 우리가 서로 다름을 인정하고, 그 차이를 이해하려 노력했기 때문이다. 나는 온라인 공개 강의가 교양 수업에 딱히 어울리지 않을 이유도 없다는 사실을 경험을 통해 깨달았다. 온라인 강의는 세계 곳곳에 배우고자 하는 사람, 경험의 폭을 넓히고 호기심을 공유하는 이들과 연결되고 싶어 하는 사람들이 얼마든지 있다는 사실을 내게 보여주었다.

강의를 할 때 나는 학생들이 비판적으로 사고하는 법을 익히는 동시에 철학과 역사, 문학의 위대한 업적을 존중하도록 이끌어주려고 애쓴다. 아니면 적어도 수업에서 다루는 텍스트가 왜 연구 대상이 되고 존경받는지 이해하기를 바란다. 결국 학생들의 교양교육에 이바지하는 것이 내 목표이며, 이는 실제 강의실에서든 온라인에서든 차이가 없다. 온라인에서나 캠퍼스에서나 인문학적 소양을 쌓는 교양교육은 자아를 발견하고 주변 세계에 관해 더 풍부한 대화를 나눌 수 있도록 돕는 중요한 역할을 한다.

지금 우리 사회는 이런 교육을 그 어느 때보다도 필요로 한다. 그리고 대학 울타리 너머에서도 그 중요성은 여전히 유효하다. 교육에 생산성을 요구하는 목소리는 점점 커지고 있고, 교양과목을 축소하라는 (대학 내부와 관계 당국, 시장의) 압력도 만만치 않다. 하지만 급변하는 시대에 맞춰 빠르게 결과물을 보여주는 전문 기술을 가르치겠다고 인문학의 틀을 잡는 교양교육을 포기해서는 결코 안 된다. 결과중심주의는 학생들이 주변 세계를 이해하고 제 나름의 창조적 방식으로 변화에 대응하도록 이끌어주는 탐구와 경험의 가치를 결코 대체할 수 없다. 학생들이 변화의 희생양이 아니라 변화를 이끌 주체가 되도록 하는 가장 좋은 방법은 이런 가치에 입각한 교양교육이다.

이 책은 대학에 효율성과 실리를 요구하는 것이 의도와 전혀 다른 결과를 부를 수 있다는 데 주목한다. 과거의 직업과 과거의 문제에 맞추어 훈련받은 학생들은 자기 성찰의 시간을 갖지 못한다. 그렇기에 자신의 경험에서 의미를 읽어내고 스스로 혁신을 주도할 능력을 찾을 수도 없다. 역사를 돌아보면 유용성은 사실 순응, 즉 보수적으로 생각하고 행동함을 의미했다. 기성 사회에 순응하라는 요구에 귀를 기울이는 것은 결국 우리의 경제적, 문화적, 개인적 삶을 빈곤하게 할 뿐이다.

자유 교양교육에 힘쓰는 대학은 리처드 로티의 말대로 "호기심을 유발하고 상상력을 자극해 지배적 통념에 도전하는 것"을 사명으로 삼아야 한다. 교양의 진정한 의의는 통념에 도전함으로써 우리의 직업적, 개인적, 정치적 삶을 풍요롭게 하는 데 있다. 의심하고 상상하고 열심히 탐구하며 학생들은 세상과 "자기 자신을 새롭게 바꿀 수 있음을 깨닫게" 된다. 드넓은 탐구 정신을 통해 우리는 스스로 생각하는 법, 자신의 욕망과 꿈을 정확하게 파악하는 법, 우리가 하는 일과 믿는 바에 책임을 지는 법을 배운다. 이 책을 읽고 나면 자유 교양교육이 대학에서뿐 아니라 인생에서 세계를 이해하고, 인간의 삶에 기여하며, 스스로를 변화시키는 데 중요한 역할을 한다는 사실을 확실히 깨달을 수 있을 것이다. **025**

Beyond the University
Why Liberal Education Matters

Contents

01
누구를 위한,
무엇을 위한 교육인가?

"

교육은 근본적으로 미래에 대해 낙관적인 전망을 갖고,
이를 뒷받침할 합리적인 방법을 찾는 사회 구성원들의 노력에 달려 있다.
반대로 지금처럼 미래에 대한 낙관적인 전망을 유지할 수 없을 때,
우리는 종종 그런 상황에 대처하도록 가르쳐주지 않은 교육을 비판하곤 한다.

"

우리는 교육에 대해 양면적인 입장을 갖고 있다. 교육이 필
요하다는 데는 이의가 없지만, 어떤 교육이 좋은 교육인지 논하는
방법은 잘 모른다. 교육이 경제와 문화에 중요한 역할을 한다는 사
실은 알지만, 교육이 정말로 이로운지 확신하지는 못한다. 자유의
가치만큼이나 교육의 가치를 믿지만, 지나친 자유와 마찬가지로 지
나친 교육은 엇나가기 쉽다고 생각한다. 신문과 잡지, 인터넷 블로
그에는 유치원에서 고등학교까지의 교육과정이 제 기능을 하지 못
한다는 글이 심심찮게 등장한다. 명문 학교는 균형 잡힌 교육보다는
학생들의 성적을 높이는 데 연연하고, 돈이 없는 학교는 필요한 지
원을 받기는커녕 가난한 동네에 있다는 죄로 운영에 애를 먹는다는
이야기가 들린다.

대학 교육에 대한 입장도 마찬가지로 모순적이지만, 그 양상은 조금 다르다. 4년제 대학의 학사 교육과정(때로는 5~6년이 걸리기도 하지만)을 무사히 마친 학생들은 대개 대학 생활에 만족한다. 규모가 큰 공립대학이든 작은 지방대학이든 학생들은 대부분 캠퍼스에서 자신이 지적·사회적으로 성장했다고 믿는다. 하지만 그것과 별개로 대학에 쏟은 학비는 생각해볼 문제다. 충분히 심사숙고한 투자였는가? 장기적으로 대학 교육이 '제값'을 톡톡히 했는가?

통계를 보면 대학 졸업과 연봉 상승 간에 유의미한 상관관계가 있음을 알 수 있다. 하지만 학생과 부모의 입장에서는 여전히 대학에 들어가는 돈이 현명한 소비인지 고민할 수밖에 없으며, 국가 차원에서도 대학 교육의 목적이 무엇인가 하는 문제와 씨름해야만 한다. 갚을 길이 막막한 빚만 떠안고 정작 실망스러운 강의에 좌절하는 학생도 적지 않다. 이쯤 되면 학생들은 애초에 자신에게 대학 교육이 정말 필요했는지 의문을 품게 된다. 나아가 교육이, 더구나 먹고 사는 문제와 직결되는 직업훈련도 아닌 대학 교육이 왜 중요한지도 갸우뚱하게 된다.

물론 오늘날 교육에 쏟아지는 이런 질문들이 딱히 새로운 것은 아니다. 그러나 그 어느 때보다 녹록지 않은 우리 시대의 사회·경제적 조건이 이 질문을 심각한 것으로 만든다. 심지어 수십 년간 정치·경제적 우위를 누렸던 사회의 주류 계층은 파멸이 다가온다는 불안감, 아니면 적어도 자신의 아이들이 과거보다 훨씬 줄어든 기회를 두고 싸워야 하리라는 생각에 사로잡힌 듯 보인다.

교육은 근본적으로 미래에 대해 낙관적인 전망을 갖고, 이를 뒷받침할 합리적인 방법을 찾는 사회 구성원들의 노력에 달려 있다. 반대로 지금처럼 미래에 대한 낙관적인 전망을 유지할 수 없을 때, 우리는 종종 그런 상황에 대처하도록 가르쳐주지 않은 교육을 비판하곤 한다. 영국에서 온 청교도들이 '신세계', 즉 아메리카 대륙에 학교를 처음 세웠을 때도 그랬다.

교육은 자유를 수호한다

미국에 자유교양교육 개념이 처음 도입된 것은 영국으로부터 독립해 건국의 초석을 다질 때부터였다. 18세기 말, 민주주의에 관한 실험이 시작되면서 교육의 중요성에 대한 논쟁도 막이 올랐다.

이 논쟁의 핵심 인물은 독립선언문을 작성하고 미국 3대 대통령을 지낸 토머스 제퍼슨Thomas Jefferson, 1743~1826이다. 그는 식을 줄 모르는 학구열을 지닌 사람이었고, 새 공화국이 독재정치나 인민 무

정부주의라는 위험한 암초를 피해 나아가려면 시민을 교육하는 방법밖에 없다고 확신했다. 계몽주의 신봉자였던 제퍼슨은 지식을 쌓음으로써 공공의 삶과 개인의 삶이 모두 나아진다고 믿었다. 그는 국민(적어도 자유로운 백인)에게 힘과 권위를 부여한다는 국가관을 지지했고, 국민이 국가 권력을 사용하는 법을 얼마나 잘 배우는지에 따라 미국 정치의 건전성이 달려 있다고 생각했다. 따라서 국민을 교육하는 일은 마땅히 국민이 선출한 정부가 책임져야 했다. 제퍼슨은 이렇게 하면 교육받은 시민이 정부의 지나친 간섭으로부터 스스로를 지킬 수 있는 선순환이 이루어진다고 믿었다.

하지만 당시만 해도 교육이 국가의 의무라는 개념을 뒷받침할 근거가 거의 없었다. 유럽에서는 전통적으로 교회나 가정에서 교육을 담당했다. 그래서 성직자나 부모가 어떤 종파에 속하는지에 따라 교육 내용도 달라졌다.

교양 있고 교육열도 높았던 중산계급은 세금으로 교육비를 충당함으로써 이러한 움직임을 정치 분야로까지 넓혀갔다.[1] 교육을 통해 이들은 성경을 읽을 줄 알게 되고 자신들에게 권력을 행사하는 정부를 평가할 수도 있게 되었다. 그런 점에서 교육은 정치적으로 더욱 중요한 의미를 가졌다. 판단의 근거가 될 정보를 얻으려면 읽고 쓰는 능력이 꼭 필요했고, 그 정보를 면밀히 검토하는 능력은 사회의 일원으로서 마땅히 갖추어야 할 조건이었기 때문이다.

정치가이자 정치철학자였던 존 애덤스John Adams, 1735~1826는 제퍼슨과 여러 중대한 사안에서 견해를 달리했지만, 교육이 시민의 자유를 지키기 위한 기반이라는 점에서만큼은 완전히 일치했다. 그는 교육이 공공의 책임이라고 여겼다. "모든 시민은 공동체의 구성원 모두를 교육할 책임이 있고, 기꺼이 그에 대한 비용을 감수해야 한다. 1제곱마일(약 2.5제곱킬로미터) 안에 학교가 없는 지역은 없어야 하며, 이 학교는 개인 자선가의 힘이 아니라 시민이 부담하는 공공 기금으로 유지되어야 한다"[2]는 것이다.

제퍼슨 역시 지식이 곧 자유이며 글을 읽는 능력이 지식의 토대라고 굳게 믿었다. 또 국가가 자유를 보호하려면 시민교육을 장려하는 것이 가장 효과적이라고 생각했다.

제퍼슨은 모든 시민이 자신의 자유를 보호하고 문제를 해결하고 배움을 지속하는 데 필요한 기본 기술을 배워야 한다고 주장했다. 그러기 위해서는 읽고, 쓰고, 셈하는 능력이 필수적이었다. 그는 "사람들이 재량껏 자기 자신을 책임질 수 있을 정도로 계몽되지 않았다면, 재량을 빼앗을 게 아니라 교육을 통해 그들의 재량을 일깨우는 것이 중요하다"[3]고 생각했다. 낭연히 교육에 들어가는 비용도 교회나 부유한 자선가에게 맡길 것이 아니라 세금으로 충당해야 한다고 여겼다.

하지만 교육이 국가의 의무라는 생각에 반대하는 사람들도 많았다. 이들은 교육과 종교는 손을 잡아야 마땅하지만, 공권력이 특정 종교를 지지해서는 안 된다고 믿었다. 당연히 종교와 관련 없는 정부기관이 교육에 끼어드는 것도 원치 않았다. 정부가 자유와 독립이라는 미명 아래 교육을 지원한다는 사실에 의심의 눈초리를 보내는 사람들도 있었다. 과연 정부가 학교를 공적으로 지원함으로써 노예처럼 복종하도록 시민을 세뇌하지 않는다는 보장이 있느냐는 것이었다. 하지만 그들은 이런 세뇌를 막는 가장 좋은 방법 역시 교육이라고 여겼다. 시민이 더 많이 배움으로써 정부의 의도를 꿰뚫어볼 수 있으며, 다양한 견해를 접함으로써 누가 자신의 이익을 가장 잘 대변할지 판단할 수 있다고 생각했다.

특히 제퍼슨의 생각은 한층 이상적이었다. 그는 교육받은 시민이 곧 자유의 수호자라고 믿었다. 교육의 주된 목적은 "무엇이 자신의 자유를 지키거나 위협할지 사람들이 스스로 판단하게 하는 것"[4]이었다. 그에게 교육의 핵심은 스스로 판단할 수 있는 능력을 계발함으로써 외압에서 자유로워지도록 하는 데 있었다. 제퍼슨은 "인간이 가장 자유롭기 위해서는 부분적인 혹은 완전한 자립이 필요하므로, 자립을 위한 내면의 힘을 기르는 데 교육의 초점을 맞춰야 한다"고 믿었다.[5] 또 모든 시민은 교육을 통해 자신의 능력을 키워야 하며, 그 가운데 누군가는 한걸음 더 나아가 학자로서의 삶을 살아야 한다고 생각했다.

제퍼슨은 행복을 추구하려면 정신이 깨어 있어야 한다고 생각했다. 설령 세상에 도움이 되는 결과를 내놓지 못하더라도 자유로운 연구 활동은 그 자체만으로 충분히 가치가 있다고 생각했다.[6] 그는 교육의 가치를 농부가 과수원에서 접붙이기를 해 얻는 이로움에 비유했다. "교육이 사람을 지식과 접붙여 그의 본성에 숨은 악하거나 비뚤어진 성질을 선하고 사회적으로 가치 있는 자질로 바꾸어준다"[7]는 것이다.

그는 계몽주의의 유산을 물려받고 다듬어서 교육의 틀을 잡는 데 활용했다. 교육받은 자만이 자유를 누리고, 분별 있는 시민이 될 수 있다는 그의 생각은 지금까지도 미국 문화에 큰 영향을 미치고 있다. 제퍼슨은 정부가 시민의 교육을 책임지고, 교육받은 시민이 책임감 있게 정치에 참여하는 사회를 이상으로 삼았다.

제퍼슨은 학생들이 자유롭게 배움에 몰두하고 학문을 추구할 수 있는 새로운 대학교를 구상했다. 그는 넓고 깊은 의미에서의 교육, 캠퍼스 안팎에서 두루 쓸모 있는 교육을 원했다. 교수진은 훈련 교관이 아니라 스스로 연구에 힘쓰는 학자여야 했다. 또 단순히 교리

문답을 반복하는 구태에서 벗어나 자유를 성취할 도구로서의 교육을 실현하는 스승이어야 했다. 자유로운 탐구가 보장되면 학생들은 질문에 답을 찾아가는 과정에서 새로운 질문들을 만들어낸다. 학교 안에서 생겨난 이 질문은 캠퍼스 울타리를 넘어 평생 공부를 위한 발판이 되고, 곧 사회 전체에 배움의 문화를 형성한다. 제퍼슨의 이 같은 생각은 여러 세대에 걸쳐 자유 교양교육을 다시 세우는 데 큰 도움이 되었다.

쓰레기 더미에서 최고의 인재를 발굴하다

제퍼슨은 사회에 필요한 교육을 두 단계로 나누었다. 시민을 위한 보통교육과 고등교육이 그것이다. 그는 1779년 버지니아 주 의회에 '더 널리 지식을 보급하기 위한 법안(A Bill for the More General Diffusion of Knowledge)'을 제출함으로써 보통교육에 이바지했고, 수십 년 뒤 고등교육 실현을 위해 대학을 설립했다.

제퍼슨의 계획에서 교육 기회의 평등(물론 자유로운 백인 남성에 한해서였지만)은 매우 중요한 요소였지만, 그가 생각한 평등은 기회의 평등이지 모든 사람이 고루 이익을 보는 결과의 평등이 아니었다.

또 평등은 제퍼슨의 전체 교육 계획에 있어 시작점에 불과했다. 그는 교육 단계마다 상위 10퍼센트의 남학생을 선발해 더 높은 수준의 교육 기회를 제공했다. 물론 교육비를 감당할 수 없는 학생은 정부가 지원해 주어야 했다.

제퍼슨은 최고 수준의 인재를 찾아내 쇄신을 계속해야 국가의 건전성을 유지할 수 있다고 생각했다. 때문에 집안이 부유하지 않다는 이유만으로 재능을 썩히는 젊은이들이 없도록 인재를 발굴하는 제도를 확립하려고 애썼다. 그는 "부유한 자들뿐 아니라 가난한 자들 사이에도 엄연히 존재하는, 그러나 우리가 정성 들여 찾고 보살피지 않으면 묻힐 재능"이 장차 국가에 많은 도움이 되리라고 내다봤고, 그러므로 "쓰레기 더미에서 최고의 인재를 건져 올려야 한다"고 말했다.[8] 또 이렇게 찾아낸 인재를 공공 비용으로 키우면, 자신의 부를 내세워 권력을 사사로운 이익에 오용하는 기득권 세력을 견제할 수도 있을 것이었다.

한편 제퍼슨은 인간이 지닌 능력과 에너지가 각기 다르다는 점에서 엘리트는 항상 존재할 수밖에 없다고 굳게 믿었다. 그리고 사회가 새로운 인재를 찾아 키워내려고 부단히 노력하지 않으면 기득권이 된 엘리트 집단은 점점 부패하고 타성에 젖어 이른바 "부소리한 귀족계급"으로 변질될 것이라고 확신했다.

이렇듯 제퍼슨의 교육 계획은 지적 소양을 갖춘 시민을 양성하는 한편, 그 가운데 뛰어난 인재들을 발굴해 미래의 주역, 그의 표현대로 하자면 "정상적인 사회 지도층"으로 길러내는 것이었다. 이렇게 일찍부터 선발된 인재들에게는 정규 교육과정의 마지막 단계인 대학이 필요했다.

그는 유럽발 계몽주의와 미국 독립혁명을 거치며 윌리엄메리대학을 현대화하는 데 많은 노력을 기울였다. 그러나 대학 개혁이 얼마나 어려운 일인지 깨닫고, 차라리 '오늘날 필요한 모든 종류의 학문을 최고의 수준으로 가르칠' 새로운 대학을 설립하는 편이 훨씬 낫겠다는 결론을 내렸다. 종교 단체의 영향과 암기식 학습이 대학 교육을 망치고 있다고 생각한 제퍼슨은 새로운 대학에서 이 두 가지를 배제하려고 부단히 노력했다. 1818년에 쓴 보고서에서 제퍼슨은 대학 교육의 목적을 다음과 같이 밝혔다.

"정치가와 국회의원, 법관을 양성하고 정치의 기본 원칙을 가르친다. 농업과 상업을 조화시키고 학생들의 논리력을 계발한다. 그러면서 전체적으로는 학생으로 하여금 생각하는 습관을 기르고 잘못된 행동을 바로잡도록 장려한다. 그들이 스스로 내적 행복을 찾고 타의 모범이 되도록 이끈다."**9)**

하지만 여기서 오늘날 유용한 학문을 가르친다는 것은 정확히 어

떤 뜻이었을까? 더불어 최고 수준의 기준은 누가 결정할까? 그는 이
두 가지 문제를 오랫동안 고민했다.

자유로운 탐구를 위한 교육

1818년 여름 제퍼슨과 몇몇 유명 인사는 위원회를 구성해 고등
교육을 공공 기금으로 운영하는 방안을 논의하기 위해 모였다. 당시
75세였던 제퍼슨은 집에서 블루리지 산맥에 있는 여관까지 꼬박 이
틀 동안 약 50킬로미터를 말을 타고 이동했다. 이들은 공립 고등교
육기관을 세움으로써 미래를 위한 국가의 초석을 다지고자 했다.

제퍼슨과 위원들은 건전한 시민을 육성하고 문화적으로 독립하기
위해 새로운 지식을 창조하는 다양한 분야의 고등교육을 지원해야
한다고 확신했다. 대학을 졸업한 인재들은 곧 능력을 갖춘 지도자로
성장할 것이고, 그러므로 대학 교육에 쏟는 투자는 사회의 모든 구
성원에게도 이로울 것이라고 여겼다.

노련한 협상과 정확한 인구 분석으로 제퍼슨은 자신의 사저 몬티
첼로와 가까운 샬러츠빌에 새 학교를 유치할 수 있게 되었고, 학교
설립 상황을 가까이서 지켜볼 수 있었다. 제퍼슨대학이라고 불리게

된 새 학교는 학문과 사색, 연구와 대화로 제자와 스승이 함께 성장하는 탐구의 중심지가 될 예정이었다. "교육은 인식의 틀을 잡고, 집중력을 기르며, 미덕을 사랑하는 습관을 들여준다. 또한 도덕 체계 안에 비뚤어진 곳이 있다면 습관의 힘으로 이를 바로잡게 해준다"[10]는 것이 그의 생각이었다. 물론 제퍼슨은 대학에서의 경험이 반드시 도덕적 습관으로 이어지는 것은 아니라는 사실도 잘 알고 있었다. 떠들썩한 파티와 "술에 취해 저지르는 반항적 행위"[11]는 19세기에도 역시 골칫거리였다. 우리가 오늘날 학생들에게 점잖은 행동거지를 기대하는 것처럼 당시에도 그랬던 것이다.

제퍼슨은 새 학교가 어느 종파의 영향도 받지 않기를 바랐다. 그는 《버지니아 주에 관한 주석(Notes on the State of Virginia)》이라는 책에서 종교는 개인적 문제이지 지식에 기초하거나 연구로 뒷받침되는 것이 아니라고 강조했다. 또 사람은 누구나 믿고 싶은 것을 믿을 자유가 있지만, 인간의 안일한 추측을 굳이 대학으로 끌어들이는 것은 아무 의미가 없다고 여겼다.

제퍼슨의 대학에서 가르칠 과목에는 고대와 현대 언어, 순수수학과 응용수학, 물리학, 식물학, 동물학, 해부학, 의학, 정치와 법, 이데올로기, 문법, 윤리학, 수사학, 문학, 예술이 포함되었다. 교육과정에서 종교는 제외되었지만, 그 외에는 거의 빠진 것이 없다. 그럼에도 제퍼슨은 항상 쓸모 있는 지식, 또는 "유용한 모든 종류의 학문"을 언급했다.

그는 왜 이러한 학문 분야가 모두 쓸모 있다고 생각했을까? 제퍼슨은 계몽주의자였고, 지식을 쌓을수록 개인과 사회가 모두 발전한다고 믿었다. 그래서 '쓸모 있는 지식'에 대한 그의 개념도 제약 없이 다양한 학문에 걸쳐 있었다.

제퍼슨은 새 대학교의 캠퍼스를 설계할 때도 이런 개념을 적용했다. 그가 만든 교육과정은 다른 학교에 비해 그리스어나 라틴어 고전 비중이 낮았다. 대신 그 자리를 새롭게 떠오르는 학문들로 채웠다. 덧붙여 그는 문학보다 역사를 선호했다. 도덕과 정치를 가르치는 데 역사가 훨씬 도움이 된다고 여겼기 때문이었다. 현대적인 것을 중시했던 제퍼슨의 학교에서 학생들은 살아 있는 언어('죽은' 언어가 아니라!)를 배우고, 더 활발하게 연구할 수 있는 과목을 들어야 했다.

제퍼슨이 생각하기에 역사와 문학, 철학은 굳이 대학 강의실이 아니어도 밖에서 얼마든지 공부할 수 있는 과목이었다. 캠퍼스에서 배울 과목으로 그는 과학과 수학을 강조했다. 졸업생들이 과학자가 되기를 바라서가 아니었다. 그들이 나중에 농장을 운영하든 전문직에 종사하든 현대 과학의 사고방식과 탐구 방법이 살아가는 데 큰 도움이 된다고 생각했기 때문이었다. 여기서 우리는 제퍼슨이 생각한 교육적 '쓸모'가 어디에든 적용할 수 있도록 열린 개념이었다는 사실을 알 수 있다. 그는 학문을 대할 때 항상 어딘가에 쓸모가 있을지도 모른다는 가능성을 열어 두었다.

제퍼슨의 교육관을 살펴보면 학문의 숨겨진 가치는 미리 정해지는 것이 아니었다. 계몽주의적 관점에서 봤을 때 교육의 진정한 가치는 학교에서 배운 것을 인생에서 어떻게 활용하는가에 달려 있었다. 독립적인 학교에서 자유로운 탐구를 할 수 있다면, 그는 사회에 나가서도 휘둘리지 않고 자유롭게 삶을 영위할 수 있을 것이었다. 다시 말해 교육은 자신이 속한 공동체에서 스스로 생각하고 행동에 책임질 줄 아는 시민을 길러내는 과정이었다. 탐구 대상이 문법이든 동물학이든 해부학이든 철학이든 중요하지 않았다. 자유로운 지식 추구는 대학이라는 울타리 밖에서 자유로운 시민을 양성하는 데도 도움이 된다는 점에서 그 자체로 가치가 있었다.

새 대학에서 가장 눈에 띄는 변화는 학생이 스스로 자신의 교육과정을 선택할 자유였다. 제퍼슨은 학생의 선택권을 최대한 존중하겠다는 방침을 밝혔다.

"하버드의 교육 방식을 자세히 알지는 못하지만, 확실히 거리를 두고 싶은 점이 하나 있다네. 거의 모든 미국 대학이 하버드를 그대로 따라 하고 있다고 해도 말일세. 그게 무엇인가 하면 모든 학생을 규정된 한 가지 전공에만 묶어 두지 않겠다는 것이네. 다른 대학에선 미리 정해진 특정 직업을 얻는 데 필요하지 않은 과목은 들을 수조차 없게 되어 있지. 하지만 우리 학교에서는 자격 요건과 나이 제한에만 걸리지 않는다면 학생들이 듣고 싶은 강의는 무엇이든 골라 듣도록 할 생각이네."12)

기존의 대학들은 학생들이 어떤 직업을 가질지 미리 정해 두고, 앞으로 살아갈 방향에 대해서도 이전 세대의 지시를 따르도록 강요하고 있었다. 이런 상황에서 자유로운 배움을 약속한다는 것은 말도 안 되는 일이었다. 가족과 교사, 교회나 정부가 미리 정해둔 미래를 위해 그들의 배움을 제한하는 것은 학생에게 도움이 되지 않았다. 자유로운 학문 추구권을 보장할 때 비로소 학생들은 자신의 능력을 발견할 수 있고, 능력을 발견해야 배움을 통해 그 능력을 써먹을 수 있기 때문이다. 제퍼슨은 학생들이 이런 점을 스스로 깨닫기를 원했다. 그는 새로운 대학에서 교수와 학생이 시민이자 개인으로서 마땅히 누려야 할 자유를 누리는 법을 배우기를 바랐다.

여전한 차별, 계속되는 악습

제퍼슨의 대학이 추구한 교육관은 매우 이상적인 것처럼 보인다. 하지만 이런 좋은 의도에도 불구하고, 당시 미국인의 대부분은 애초부터 그런 학교에 지원할 자격조차 얻지 못했다는 사실을 짚고 넘어갈 필요가 있다. 버지니아대는 재능을 가진 소수만을 위한 곳이었다. 그렇지 않은 대다수(여성과 노예, 원주민)는 애초에 그런 기회조차 없었던 것이다.

제퍼슨이 흑인과 여성에 보인 위선적 태도는 유명하다. 그는 흑인과 여성을 억압하는 사회 구조를 충분히 파악하고 있었지만, 사적으로는 차별을 일삼았다. 제퍼슨은 교육이 개인의 기본권인 자유와 긴밀하게 연결돼 있음을 잘 알고 있었다. 하지만 인종주의와 성차별이라는 인습에서는 벗어나지 못했다. 그는 여성과 흑인, 원주민에게는 자유를 허락할 필요가 없다고 생각했다. 참정권이 있는 시민이 아니므로 교육받을 이유가 없다는 것이었다.

하지만 제퍼슨은 상황에 따라 다른 태도를 보이기도 했다. "여성에 대한 교육은 한 번도 체계적으로 검토해 보지 않았다"[13]고 인정했지만, 버지니아 주 교육 계획에서 여성을 초등교육 대상에 포함시키기도 했다. 아내를 여의고 어린 세 딸을 키우던 제퍼슨은 딸들에게 장차 집안을 잘 다스리고 자녀들을 제대로 가르치는 법을 배워야 한다고 당부했다. 또 딸들에게 외국어와 음악, 과학을 공부하도록 하기도 했다. 그는 여성과 남성에게 비슷한 수준의 교육을 권장했지만, 그것은 대학에 들어가기 전까지로 제한되었다. 대학의 목표는 지도자를 길러내는 것이었고, 제퍼슨이 생각하기에 여성은 여기에 해당 사항이 없었다.

한편 원주민에 대한 제퍼슨의 관점은 상당히 복잡했다. 그는 젊은 시절 수많은 원주민과 친분을 맺었고, 미국 각지를 여행하며 그들의 언어와 정치제도를 이해하려고 노력했다. 1785년 제퍼슨은 "인디언들이 보여준 재능을 감안하면 그들이 백인과 같은 수준에 있다고 말해도 무방하다고 생각한다"는 글을 썼다. 몇몇 부족은 백인 사회가 배울 만한 정치제도를 확립했다는 이야기도 자주 꺼냈다.[14] 또 재능 있는 원주민에게 지속적으로 장학금을 지급하기도 했다. 또 이들을 예로 들어 당시 유럽에서 유행했던 인종주의적 퇴화론(우월한 백인이 퇴화해 열등한 유색인이 된다는 주장)을 반박하기도 했다. 그는 나아가 인종 간 결혼을 통해 북미에 사는 사람이 모두 "미 대륙의 한 가족"이 될 것이라고 말하기도 했다.

하지만 많은 역사학자들이 지적하듯 제퍼슨은 미국 원주민에게 무자비했다. 서부 개척 과정에서 백인의 영토 확장을 방해하는 원주민 부족은 가차 없이 제거되었다. 그는 "어차피 어떤 부족에게 무기를 들이대야 한다면 우리는 그 부족이 몰살할 때까지 무기를 내려놓지 않을 것"[15]이라고 직접 말하기도 했다.

흑인에 대한 제퍼슨의 견해를 이해하려면 먼저 노예제도와 그의 삶이 어떻게 얽혀 있었는지 살펴볼 필요가 있다. 제퍼슨은 노예를 부리면서도 노예제도 자체에는 반감을 갖고 있었다. 인격을 떨어뜨리는 제도라고 생각했기 때문이다. "주인과 노예 사이에 일어나는 모든 일들은 인간의 가장 난폭한 욕망을 끊임없이 드러낸다. 한쪽은 쉴 새 없이 횡포를 일삼고, 한쪽은 굴욕적 복종을 강요당한다. 인간은 모방하는 동물이기에 이것을 보고 자란 우리 아이들도 똑같은 일을 반복할 것이다. 노예제의 폐해는 아이가 받는 모든 교육에 영향을 미친다."[16] 이렇게 '난폭한 욕망'을 비판하면서도 제퍼슨은 아내의 이복 자매인 샐리 헤밍스Sally Femmings를 비롯해 노예들과의 사이에서 몇 명의 아이를 낳기도 했다.

제퍼슨은 노예제 폐지를 호소하면서 한편으로 흑인이 선천적으로 지능이 떨어진다는 견해를 펴기도 했다. 또 당시 문필가들 사이에 만연해 있던 인종주의적 주장을 옹호했고, 흑인은 게으르고 생김새가 추하다는 비하 발언을 그대로 인용하기도 했다. 특히 주목할 점은 흑인이 학습 능력이 거의 없다고 생각했다는 점이다. 그는 "기억력과 사고력, 상상력을 기준으로 봤을 때 흑인과 백인의 기억력은 대등한 듯하다. 하지만 사고력은 흑인이 백인에 비해 훨씬 떨어진다"고 주장했다. 또 흑인의 음악적 재능을 인정했던 반면, "고통은 종종 가장 마음을 흔드는 시를 낳지만 흑인들은 수많은 고통을 겪으면서도 웬일인지 시를 쓸 줄 모른다"[17]고 지적하기도 했다.

그가 보기에 흑인은 계몽될 수 없었고, 따라서 온전한 시민도 될 수 없었다. 1780년 버지니아 주지사로 일할 당시 그는 자유롭고 교육받을 권리가 있는 미국 시민과 흑인이 함께 살 수는 없다고 주장하는 글을 썼다. 그도 그럴 것이 노예 소유주들은 여전히 흑인에 대한 편견을 버리지 않고 있었다. 또 노예였던 자들도 자신들이 겪은 부당함과 그동안 입은 상처에 대한 수많은 기억을 결코 잊지 못할 터였다. 이런 잔혹한 역사의 기억을 공유한 채 어떻게 흑인과 백인이 서로를 이해할 수 있었을까?

제퍼슨은 이런 지배 관계가 폭력적으로 뒤집히는 사태를 피하기 위해서라도 상황이 좀 나아지기를 바랐다. 그는 "노예 소유주들이 강압적인 태도를 누그러뜨리고, 흑인들도 굴욕을 딛고 일어서기를" 기도했다.[18] 또 머지않아 노예들이 자유로워지리라 생각했고 진심으로 그렇게 되기를 원했다. 하지만 그들이 백인과 동등한 위치에서 함께 살아가리라고는 생각할 수 없었기에 제퍼슨은 수백만 명의 흑인을 새로운 땅으로 이주시키려는 계획을 세웠다. 살 땅이 있다면 그곳에서 사는 것이 타인에게 굴종하며 살아가는 것보다 훨씬 낫다고 생각한 것이다.

이런 점을 보면 제퍼슨의 교육관에는 분명 한계가 있었다. 배움이 인간을 자유롭게 한다는 그의 신조는 세상에는 배울 수 없는 인간도 있다는 편견에 발목을 잡히고 말았다. 제퍼슨은 노예였던 흑인이 시를 짓거나 감동적 글을 쓰게 되리라고는 상상할 수 없었다.

배움이 인간을 자유롭게 하다

흑인들은 배움이 인간을 자유롭게 한다는 제퍼슨의 믿음을 스스로 훌륭히 증명해냈다. 데이비드 워커David Walker, 1785~1830는 1829년 〈전 세계 유색 시민에게 전하는 호소문(Appeal to the Coloured Citizens of the World)〉을 발표했다.

노예 아버지와 자유인 어머니인 흑인 부모에게서 태어난 워커는 노스캐롤라이나에서 자라서 보스턴에 정착했다. 가게를 운영하던 그는 열렬한 기독교 신자였고 박애주의 종교 단체인 프리메이슨에서 활동했다. 워커는 노예제 폐지를 지지하는 신문에 정기적으로 기고하며 흑인들을 향해 백인이 자유를 하사하기를 바라지 말고 본래 자신의 것이었던 자유를 스스로 붙잡으라고 당부했다. 또 억압에서 벗어나기 위해서는 지성과 정신의 독립을 향해 나아가야 한다고 호소하기도 했다.

워커는 흑인이 열등하다고 주장한 제퍼슨의 의견에 반박했고, 노예제도 전반의 부당함을 날카롭게 비판했다. 그는 노예 소유주가 노예제도의 부당함을 선언해 주기를 기대하지 않았다. 오히려 노예들이 스스로 그 부당함을 명백히 깨닫고 행동에 나서기를 촉구했다.

"제퍼슨 대통령이 자기 견해를 밝힌 것이 차라리 잘된 일이라고 생각한다. 이제 우리는 행동으로 그의 말이 옳은지 그른지 증명해야 한다. 그들이 한 말과 행동은 우리 자신의 것이 아니기에 소용이 없다. 사회는 우리가 자신의 가능성을 스스로 증명하기를 기다리고 있기 때문이다. 우리가 '인간'임을 인정받기 위해서는, 우리가 먼저 그 사실을 증명해야 한다."[19]

워커는 과연 어떻게 그 사실을 증명할 것인가에 대한 답으로 제퍼슨이 주장했던 계몽주의에 충실한 답을 내놓았다. 즉, 배울 줄 안다는 사실을 보여줌으로써 스스로 인간임을 증명할 수 있다는 것이다. 그는 교육이야말로 자유로 가는 길이리고 곤게 믿었다.

"신께서 형제들의 무지를 깨우쳐주시기를, 이제껏 대왔던 핑계를 모두 버리고 진정한 배움을 구하도록 허락해 주시기를 기도합니다. 나는 진흙탕 속을 네 발로 기어서라도 배운 자 앞에 엎드리겠습니다. 그에게 누구도 빼앗을 수 없도록 진정 내 것으로 만들 수 있는 것을 가르쳐 달라고 간청하겠습니다. 우리가 배움을 통해 강해질 수 있다면, 폭군들은 곧 무너질 모래성 위에서 벌벌 떨 수밖에 없기 때문입니다.

흑인을 교육한다는 말만 들어도 잔인한 압제자들은 죽도록 겁을 먹을 것입니다. 만일 아직도 태연할 수 있다면, 그것은 그들이 우리의 배움을 끝까지 막을 수 있다고 생각하기 때문이며 수백 년 동안 계속된 살육의 잔인함을 용서받을 수 있다고 믿기 때문입니다. 하지만 이제 백인들은 우리의 진정한 힘을 알게 될 것이며, 이것은 신의 존재와 마찬가지로 진실입니다." [20]

워커는 진정한 배움을 구함으로써 억압받던 흑인들이 스스로 인간임을 증명하고 인간답게 살 수 있다고 생각했다. 그럼으로써 잔인한 압제자들을 겁먹게 하고 자유를 얻을 수 있다고 믿었다. 그는 제퍼슨이 쓴 독립선언문을 인용해 그의 주장을 반박하며 호소문을 마무리했다. 또 제퍼슨의 모순된 말과 행동을 꼬집기도 했다.

"당신이 쓴 독립선언문과 당신이 저지른 잔인함을 비교해 보십시오. 당신들이 대대로 우리에게 가한 잔혹하고 무자비한 고통을 그 말에 견주어보십시오." [21]

실제로 기득권층은 워커의 주장에 상당한 위협을 느꼈다. 자유를 위해 봉기할 것을 강력히 호소하는 워커의 글은 1829년 책으로 출판되었고 흑인 단체와 교회, 상점을 중심으로 급속히 퍼져나갔다. 책은 출간 즉시 백인 사회의 거센 반발을 불러일으켰다. 남부에서는 이 책을 가지고 있다는 의심만 받아도 체포되거나 더 심한 일을 당하기도 했다. 저자의 목에는 현상금이 걸렸다. 조지아 주는 워커를 생포한 사람에게 만 달러(2014년 현재 원화 가치로 약 2억 3천만 원)를, 그를 죽이는 사람에게는 천 달러를 내놓겠다고 현상금을 내걸었다. 교육과 자유, 정의를 하나로 묶은 이 책자의 메시지는 급진적 노예제 폐지론이 떠오르기 시작한 1830년대에 큰 반향을 일으켰다. 그러나 워커 자신은 책이 나온 다음 해에 결핵으로 세상을 떠나고 말았다.

한편 아프리카계 미국인 프레더릭 더글러스Frederick Douglass, 1817~1895 역시 교육이 곧 자유임을 보여준 사람이었다. 뛰어난 연설과 토론 능력으로 노예제 폐지론자 사이에서 이름을 알린 더글러스는 곧 책을 출판하게 되었다. 그는 책에서 어린 시절 더부살이를 했던 경험을 털어놓았다. 그는 신앙심이 깊은 여주인 소피아의 밑에서 지냈다. 소피아는 성경을 읽거나 성경 구절을 읊으며 시간을 보낼 때가 많았다. 더글러스는 그런 그녀를 보며 '읽는다는 신비로운 행위'에 호기심을 느꼈고, 자신도 뭔가를 배우고 싶다는 생각을 하게 됐다. 어린 더글러스는 빠르게 읽는 법을 배웠고, 소피아는 남편에게 이것을 자랑하고 싶어 했다. 글을 읽는 더글러스를 보고 주인 올드는 단호하게 말했다.

> "배움은 가장 충성심 깊은 검둥이도 망쳐놓는 법이오. 성경 읽기를 배웠다면 이제 저 아이도 평생 제대로 된 노예가 되기는 틀렸소. 노예는 주인의 뜻과 그 뜻을 따르는 법 말고는 알 필요가 없소. 노예 자신에게도 배움은 전혀 쓸모가 없고 해만 끼칠 뿐이라오."[22]

올드의 이 말은 더글러스에게 커다란 영향을 미쳤다. 배움이 노예로서의 삶에 방해가 된다는 사실을 깨닫게 된 것은 더글러스에게 어떤 전환점이 되었고, 그는 훗날 이것이 자신을 일깨운 "최초의 노예제 반대 연설"이었다고 회상했다. 어린 시절 더글러스는 배우는 법을 배우면 이미 자유를 손에 넣은 것이나 다름없다는 깨달음을 얻었던 것이다.

> "'이제 알았어.' 나는 생각했다. '지식을 얻은 아이는 노예에 어울리지 않는다는 말이로군.' 나는 본능적으로 그 명제에 동의했고 그 순간부터 노예 상태에서 자유로 향하는 지름길을 알게 되었다." [23]

자유로 향하는 지름길은 교육이었고, 교육을 받으려면 글을 읽을 줄 알아야 했다. 그래야만 스스로 배우는 능력을 갖출 수 있기 때문이었다. 제퍼슨은 흑인에게 그런 일이 가능하리라고는 상상조차 못했지만, 더글러스는 배움이 곧 자유라는 제퍼슨의 신조와 정확히 일치하는 깨달음을 얻었다. 더글러스 자신의 삶은 물론 미국 역사에서도 중요한 순간이었다. 더글러스는 자유와 평등을 이상으로 삼는 미국이 수백만 명을 무자비하게 노예로 부린다는 사실에 분노를 느꼈다. 그리고 수십 년간 계속된 이런 분노는 결국 남북전쟁으로 이어지는 노예제 폐지 운동에 불을 지폈다.

제퍼슨의 몰이해와 위선은 노예제 폐지론자들의 비웃음을 샀다. 자유라는 원칙은 소수의 기득권에게만 임의로 적용되는 것이 아니기 때문이었다. 더글러스는 이런 원칙이 교육과 밀접한 관계가 있다는 사실을 경험을 통해 잘 알고 있었다. 1852년 연설에서 더글러스는 흑인도 배울 능력이 있고, 따라서 노예도 인간임을 모두가 인정해야 한다는 사실을 날카롭게 지적했다.

"노예에게 읽고 쓰는 법을 가르치는 자는 가혹한 벌금과 처벌로 다스린다는 법 조항만 봐도 알 수 있습니다."[24] 더글러스는 노예에게 읽는 법을 가르치는 것을 금지한 법 조항을 꼬집었다. 남부 의회도 교육이 곧 자유임을 알고 있었기에 가혹한 처벌로 노예에 대한 교육의 확산을 막으려 했다. 더글러스와 워커는 지독한 폭력을 써서 막지 않는 한 배움에 대한 배움, 즉 교육은 널리 퍼져나가기 마련이라는 사실을 잘 알고 있었다.

진정한 교육은 학교 밖에서도 이어진다

랄프 월도 에머슨Ralph Waldo Emerson, 1803~1882은 매사추세츠 주에서 태어났다. 목사였던 아버지를 이어 에머슨도 하버드를 졸업하고 같은 길을 걸었다. 하지만 성직은 그에게 맞지 않았다. 아내가 젊은 나이에 결핵으로 죽고 난 뒤, 그는 점점 종교적 삶의 형식에서 멀어졌다. 에머슨은 개인의 삶에 보다 가깝게 와 닿는 보편적인 것을 찾고 싶었다. 그의 이런 생각은 "가끔은 좋은 목자가 되려면 성직을 떠날 필요가 있다는 생각이 든다"[25])는 글에서도 드러난다. 에머슨이 생각하기에 "죽고 식어버린" 기독교의 형식적인 절차는 진정한 경험을 방해할 뿐이었다. 결국 그는 글쓰기와 강연을 업으로 삼기로 마음먹었다. 그가 생각하는 경험이라는 개념을 널리 알려 사람들이 자신의 삶을 더욱 깊이 받아들이도록 이끌고 싶었기 때문이다.

'경험'과 '진보'는 당시 사상가들에게 매우 중요한 개념이었다. 에머슨은 제퍼슨이 중요하게 여겼던 계몽주의 개념을 자기 식으로 변형했다. 바깥세상과 조우하는 일은 에머슨에게도 중요한 것이었지만, 그 만남의 무대는 인간의 의식으로 바뀌었다. 다시 말해 에머슨은 우리가 세상을 만나 우리 안에서 새롭게 생각하고 느끼는 데 초점을 맞추었다.

에머슨에게 인간의 의식은 백지가 아니라 세상과 발을 맞춰 나아가는 것이었다. 그러므로 교육도 단순히 지식을 쌓는 데 그치기보다, 자아를 더욱 확실히 인식하고 연마하는 과정이어야 했다. 에머슨이 볼 때 교육의 핵심은 지식 축적도 인격 형성도 아니었다. 가장 중요한 것은 스스로를, 그리고 자신이 속한 문화를 변화시키는 것이었다.

에머슨의 글 가운데 교육의 힘에 대한 그의 믿음을 가장 명확히 드러낸 것으로는《미국의 학자(The American Scholar)》(1837)와《자기 신뢰(Self-Reliance)》(1841)가 있다. 《미국의 학자》는 하버드에서 열린 미국 대학 우수 졸업생 클럽 '파이 베타 카파(Phi Beta Kappa)' 모임에서 한 강연이다. 강연이 열린 날은 하버드에서 문학과 학문의 중요성을 기리는 날이었다. 하지만 에머슨은 이 강연에서 권력과 돈, 명예를 추구하는 엘리트를 정면으로 비판해 이들에 대한 적대감을 고스란히 드러낼 각오를 하고 있었다. 그는 하버드에 "결투를 하러 간" 셈이었다.[26]

에머슨은 은근한 반어법으로 강연을 시작했다. 에머슨은 이날의 강연을 두고 "너무 바빠 학문에 쏟을 시간이 없는 사람들 사이에도 학문에 대한 사랑이 살아남았음을 보여주는 긍정적 신호"라고 비꼬며 물질만능주의의 빈곤함을 지적했다. 또 이것이 본능은 쉽게 사라지지 않는다는 증거라고 덧붙이며, 인간이 본능적으로 문화를 살찌우는 능력을 갖고 있음을 역설했다. 숨가쁘게 돌아가는 당시 사회를 에머슨은 기계 기술이 지배하는 시대로 규정했다. 사회에는 변화가 필요했다. 새 공화국이 언제까지고 낡은 세계의 문화적 양식을 물려받을 수는 없는 일이었다.

에머슨은 상황을 심각하다고 판단했다. 오랫동안 문화적으로 자립하지 못한 탓에 우리는 진정한 인간이 아닌 다른 무언가가 되어 있었다. 그는 이런 상황을 '몸통에서 절단된 상태'에 비유하며, "수

많은 괴물이 버젓이 걸어 다닌다. 멀쩡한 손가락, 목, 위장, 팔꿈치를 가졌지만, 인간은 하나도 없다"고 비판했다. 이어서 "인간은 이렇게 여러 사물로 모습이 바뀌어버렸다"고 지적했다.[27] 엄혹한 현실이었지만, 그렇기에 더욱 때가 무르익었다고 할 수 있었다.

에머슨은 학자에게 영향을 미치는 세 가지로 자연과 과거, 행동을 꼽았다. 자연은 예측할 수 없고 강렬한 소용돌이로 인간의 의식을 어지럽힌다. 하지만 생각을 깊이 할수록 자연의 혼돈은 잦아들고 인간은 세계를 더 잘 이해할 수 있게 된다. 사람은 생각을 통해 성숙하며 "'네 자신을 알라'는 옛 격언과 '자연을 탐구하라'는 오늘날의 격언은 결국 의미가 같다"는 사실을 깨닫는다.[28]

학자에게 영향을 미치는 두 번째 요소는 책과 사물, 제도를 통해 전해지는 과거의 정신적 유산이다. 하지만 에머슨은 이런 과거의 유산을 수동적으로 받아들여서는 안 된다고 주장했다. 그는 책을 제대로 읽으려면 창조적으로 읽어야 한다고 생각했다. 물론 에머슨도 훌륭한 책을 길잡이로 삼는 것은 좋은 방법임을 인정했다. 하지만 그러는 동안 책에 복종하고 의존하는 습관이 든다면 이 방법은 나태함으로 변질되고 만다. 진정한 독서를 위해서는 과거의 유산을 스스로의 능력을 위헤 활용할 줄 아는 '능동적 영혼'이 뇌어야 한다는 것이다. 이런 생각은 당시 많은 학교에서 양산했던 '책벌레'와 대조된다. "이것이 훌륭하니…… 이대로 따르면 된다"고 말하며 훌륭한 작품을 보여주기에만 급급한 교육기관은 학생을 수동적으로 만들 뿐이다. 에머슨이 생각하는 교육은 과거를 활용해 앞으로 나아가는 방법을 찾는 것이었다.

대학 교육은 학생들에게 지식을 어떻게 소화하는지 가르치는 데서 멈추면 안 된다. 그 자연과 과거의 유산을 활용해 학생들의 영혼과 지성을 일깨울 수 있어야 한다. 에머슨은 "대학은 주입식 교육이 아니라 창조를 목표로 삼을 때, 열린 자세로 다양한 재능이 발하는 빛을 끌어모아 젊은이들의 가슴에 불을 지필 때 비로소 제 역할을 다할 수 있다"고 주장했다. 에머슨은 암기식 교육을 비판한 제퍼슨의 생각 위에 창조성을 얹어 학생들이 교육으로부터 영감을 얻고 세상에 변화를 불러일으킬 수 있어야 한다고 덧붙였다.

마지막으로 중요한 요소는 행동이다. 에머슨은 사회에 나간 사람들이 세상을 그저 받아들이는 데 그치는 것이 아니라 세상에 반응하고 세상을 변화시키기를 바랐다.

"이른바 '실용적 인간'은 사색하는 사람들이 마치 생각하고 그저 바라보는 것 외에 아무것도 할 줄 모르는 것처럼 그들을 비웃습니다. 학자에게 행동은 부차적일지라도 없어서는 안 되는 것입니다.

행동이 없다면 학자는 온전한 인간이 되지 못합니다. 행동이 없다면 생각은 결코 진실에 이를 수 없습니다."[29]

학자는 생각에 거름이 되고 활력을 더하는 노동을 마다하지 않아야 한다. 하지만 무엇보다 남들이 노동을 중요하게 여긴다고 해서 생각 없이 그들을 따라가지 않도록 주의할 필요가 있다. 노동을 비롯한 모든 행동은 반드시 주체적이고 자발적이어야 한다. 에머슨의 말대로, "우리는 삶이 넘쳐흐르는 말과 그렇지 않은 말을 금세 구분할 수 있다."

에머슨은 교육을 통해 학생들에게 군중을 따라가는 것이 아니라 자신만의 길을 발견하고, 모든 것을 관찰하되 아무것도 흉내 내지 않는 법을 가르쳐야 한다고 주장했다. 교육받은 주체적 인간은 "야만으로 역행하는 천박한 성공을 거부"할 줄 알아야 했다. 성공을 향한 천박한 경쟁을 거부함으로써 자립과 자유를 찾을 수 있기 때문이다. 19세기에도 오늘날과 마찬가지로 교육을 단순히 직업훈련으로 보는 시각을 거부하는 자세가 필요했던 것이다. 또 진정한 교육은 학교 울타리 밖까지 이어진다는 점도 중요했다. "세상은 겉치레를 꿰뚫어볼 줄 아는 사람의 것"이라는 에머슨의 말은 오늘날에도 유효하다.

단순한 책벌레가 아니라 능동적인 학자로

에머슨의 연설에서 가장 주목할 만한 내용 중 하나는 평범한 일상에 관심을 기울여야 한다고 호소하는 마지막 부분이다. 에머슨이 말하는 자립은 학문적 초연함도 세련된 지성도 아니었다. 그가 생각하는 학자는 우아한 예술 세계에 빠져 있거나 여유를 즐기기보다 일반 대중에게 눈길을 주는 사람이었다. "세계의 눈"이 되어야 할 학자들은 주변 모든 것에 관심을 기울여야 한다.

> "우리는 지금 가난한 자의 글과 어린아이의 기분, 거리의 철학과 가정의 의미 같은 것들에 주의를 기울여야 합니다……. 나는 뭔가 삶에서 동떨어진, 낭만적인, 대단한 것을 찾는 게 아닙니다……. 그보다 친근하고 낮은 것에 다가가 그 곁에 자리하고, 평범한 것을 이해하고자 합니다. 현재를 통찰할 줄 알면 옛것과 새것을 모두 가질 수 있습니다." [30]

교육은 '온전한 인간'을 위한 것이 될 수 있다. 또 자기 발로 걷는 법을 아는 사람, 노동의 신성함을 아는 사람, 자신의 생각을 자유롭게 말할 수 있는 사람을 길러낼 수 있다. 다시 말해 교육은 주체적인 국가의 초석이 될 능동적인 학자를 키울 수 있다.

단순한 책벌레가 아니라 능동적인 학자가 필요하다는 에머슨의 호소는 미국에서 가장 오래된 대학인 하버드 사람들을 직접 겨냥한 것이었다. 당시 경영 개혁으로 어수선했던 하버드는 문화의 흐름에서 다소 동떨어져 있었다. 새 총장 조사이어 퀸시Josiah Quincy는 지적 리더십이 아니라 경영 수완 덕분에 그 자리에 앉은 사람이었다. 게다가 이사회는 고전 교과를 중시하는 1828년 〈예일 보고서(Yale Report)〉를 전적으로 신뢰했다. 다시 말해 하버드는 예일대학교를 따라 현대적 교육 개혁에 방어적 자세를 취했던 것이다. "퀸시에게는 적절한 몸가짐과 사교술도 교육에서 중요한 부분을 차지했다…… 그는 학생들이 자신처럼 보스턴 경제계에 완벽히 어울리는, '고상한 정신과 원칙을 지녔으며 박식하고 예의 바른 신사'가 되기를 바랐다."[31]

당시에는 하버드가 창조성이나 탄탄한 경험이 아니라 순응을 강요하며, '부유한 이들을 위한 도피처'일 뿐이라고 생각하는 이들이 많았다. 물질적 풍요만을 강조하는 하버드의 정책은 지적 편협함을 불러왔고, 이는 다시 더욱 고착화된 물질주의로 이어졌다. 대학 엘리트들이 성공을 향한 좁은 길만을 고집하는 한, 세상을 변화시키는 교육은 절대 불가능했다. 교육의 변화란 단순히 지식의 확산이나 학문의 발전만이 목표가 아니었다. 그보다 세상을 경험하고 그에 대해 창조적으로 반응하기 위한 능력을 길러 자아를 확장하는 법을 가르치는 것이 더욱 중요했다.

자신과 세계 사이에서 균형 잡기

에머슨이 교육과 생각하는 사람, 자유를 어떻게 하나로 연결하는지 자세히 알아보려면 그의 에세이 《자기 신뢰》를 살펴볼 필요가 있다. 《자기 신뢰》는 독서나 경험을 통해 어떻게 세상을 받아들이고 그것을 자기 것으로 만드는지에 관한 글이다.

에머슨은 자기 두 발로 서는 법이 중요하지만, 아무것도 모르는 채 홀로 서는 것은 의미가 없다고 생각했다. 그는 첫머리에 이렇게 썼다. "얼마 전에 어떤 뛰어난 화가가 쓴 시를 읽었는데, 틀에 박히지 않고 독창적인 시였다."[32] 에머슨이 이 시를 언급한 이유는 시가 우리 안에 '잠들어 있는 생각'을 담고 있다고 느꼈기 때문이다. 에머슨은 이를 "훌륭한 작품을 접할 때마다 우리는 자신이 포기했던 생각을 발견하게 된다. 그 생각들은 낯설지만 깊은 울림으로 우리에게 다시 돌아온다"고 표현했다.

에머슨은 우리가 그저 훌륭한 작품을 흉내 내기를 원치 않았다. 우리는 작품의 위대함 속에서 자신의 일부를 발견할 줄 알아야 한다. 훌륭한 작품을 감상하는 데 그치지 않고 그를 통해 자신의 가능성을 귀하게 여길 줄 알아야 한다는 뜻이다. "꾸준히 배워나가다 보면 질투는 무지에서 나오고, 모방은 스스로의 잠재력을 해치는 자살 행위라는 사실을 알게 될 때가 오기 마련이다. 좋든 싫든 내 몫으로 주어진 것은 나 자신뿐이라는 것, 드넓은 세상에 좋은 것이 아무리 많아도 자신에게 주어진 땅을 스스로 힘들여 일구지 않으면 한 톨의 곡식도 얻을 수 없다는 것을 깨닫는 때가 온다." 에머슨은 자신을 인식하는 것의 중요성을 역설했다.

한편 이런 확신을 얻으려면 교육이 중요하다는 사실도 그는 잘 알고 있었다. 자신과 세상이 어떻게 연결되어 있는지를 배우려면, 모방만을 가르치는 교육을 거부하고 스스로의 잠재력을 믿을 줄 알아야 했다. 에머슨은 사람들이 스스로를 믿도록 독려하며 "그 믿음이 철의 현이 되어 마음을 울릴 것"이라고 말했다.

자기 발로 서라는 에머슨의 말은 혼자 걸으라는 의미가 아니다. 우리는 "동시대 사람들로 이루어진 공동체"를 받아들이되 거기에 의존하지 않고, 세상에서 일어나는 일을 받아들이되 거기에 얽매이지 않아야 한다. 에머슨은 자신과 세계 사이에서 균형을 잡는 법을 배우는 것이 교육의 핵심이라고 생각했다. "세상 속에 살면서 세상의 의견을 따르기는 쉬운 일이다. 혼자서 자기 뜻대로 사는 일도 어렵지 않다. 그러나 군중 속에서 자립이라는 완벽한 달콤함을 지키는 이야말로 위대한 사람이다." 33) 사람들과 어울리며 우정과 배움, 협력 같은 진실한 경험을 포기하지 않으면서도 자신을 지키는 섯이야말로 자기 신뢰의 목표이다.

자기 신뢰의 반대말은 순응이다. 에머슨은 자신의 에세이에서 순응의 위험성을 몇 번에 걸쳐 경고한다. 타인의 인정을 받으려 애쓰다 보면 자기 자신을 찾기란 지극히 어려운 일이다. 순응은 쉽게 퍼질 수 있어 더욱 위험하다. 더구나 모방은 우리를 쉽게 유혹하고, 그 만족감은 교묘하게 우리를 속인다. 순응에 반대하는 자들조차도 반항이라는 양식을 모방하는 함정에 빠지기도 한다. 대학에는 오랫동안 이런 순응주의가 있어 왔지만 캠퍼스뿐 아니라 산속에서 세상과 떨어져 자신을 보호하려는 은둔자 또한 혼자서 기묘한 사상에 빠지기 쉽다.

그렇다면 교육은 자기 신뢰와 어떤 관계가 있을까? 먼저 우리는 개인의 인성을 망치는 사회의 목소리에 오염되지 않는 법을 배워야 한다. 인간이라면 마땅히 순응을 거부해야 하지만 세상에는 수많은 당파와 학파가 있고, 순응 또한 다양한 형태로 나타난다. 이 다양한 선택지 가운데 하나를 골라 배우고 거기에 속하면 안 될 이유는 무엇인가? 에머슨의 답은 다음과 같다. "이렇게 순응한 사람은 특정한 점에서만 그릇되고 약간의 거짓만 말하게 되는 것이 아니라 모든 면에서 그릇되고 만다. 그들의 모든 진실은 진실이 아니게 된다. (…) 진심 어린 행동은 그 행동 자체는 물론 다른 진실한 행동까지 설명해 준다. 하지만 순응은 아무것도 설명하지 못한다." [34] 굳이 자신의 행동을 설명하느라 시간을 낭비할 필요가 없다는 것이다. 우리는 과감히 자신을 믿어야 한다.

한편 에머슨은 아집의 위험에 대해서도 지적했다. 그는 "우리가 자신을 믿지 못하게 되는 또 다른 이유는 바로 우리 자신의 일관성"이라고 꼬집었다. 타인은 우리에게 기대를 품고, 우리는 그들을 되도록 실망시키고 싶어 하지 않기 마련이다. 하지만 우리는 '자신을 믿는 것'과 자신을 오랫동안 변함없이 유지하려는 욕망을 구분해야 한다. "어리석은 일관성은 옹졸한 마음에 사는 괴물이다…. 위대한 영혼은 일관성과 아무 상관이 없다." [35] 우리의 자아는 어제와 오늘, 또 오늘과 내일에 따라 달라질 수 있다. 그러므로 우리가 믿어야 할 것은 어떤 변치 않는 존재가 아니라 경험을 받아들이는 열린 마음이다.

로크는 자아가 절대적이고 변치 않는 본질이 아니라 감각과 기억의 산물임을 강조한 바 있다. 에머슨은 우리가 기억의 독재에서, 과거에 충실하려는 노력에서 벗어나야 한다고 주장한다. 하루하루를 새롭게 살아간다는 것은 과거의 독재에서 벗어난다는 뜻이다.

"왜 계속 어깨 너머로 뒤를 돌아보려 하는가? 왜 남들 앞에서 자기가 과거에 한 말을 스스로 반박하게 될까 두려워 기억이라는 시체를 끌고 다니는가? 자기 말을 번복하게 되었다고 치자. 그러면 어떤가? 지혜는 기억에만 의존하지 않고 순수하게 기억의 작용만으로 생겨나지도 않으며, 과거에 대한 판단은 수천 개의 눈을 지닌 현재에 맡기고 늘 새로운 날을 살아간다. (…) 소심하고 변명투성이인 인간은 당당해질 수 없다. '내 생각에는', '나는' 이라고 말하지 못하고 대신 성인이나 현자의 말을 인용한다. 풀잎 하나, 바람에 날리는 장미 한 송이 앞에서도 고개를 들지 못한다. 하지만 지금 내 창문 아래 핀 장미는 저보다 먼저 핀 장미나 더 아름다운 장미 따위를 의식하지 않는다. 그들은 있는 그대로, 지금 여기서 신과 함께 존재한다. 그들에게 시간은 아무 의미가 없다. 장미는 그저 장미일 뿐이다. 장미가 존재하는 매 순간 완벽할 수 있는 이유도 그래서다." **36)**

에머슨은 우리가 과거를 모방할 게 아니라, 그로부터 영감이나 자극을 받을 수 있어야 한다고 주장한다. 하지만 다른 사람을 모방하지 않고, 일관성의 함정에 빠지지도 않으면서 배운다는 것이 어떻게 가능할까?

유능한 스승은 학생을 복제품으로 만들어서는 안 된다. 다양한 사례에 가르칠 내용의 정수를 담아낼 줄 알아야 한다. 뛰어난 학생은 배운 것을 기계적으로 외우려 하기보다 그것을 자기 것으로 만드는 능력을 갖추어야 한다. 자신이 누구이며 자신에게 가장 의미 있는 일은 무엇인지 찾아내기 위해 노력해야 한다. 아무리 저명한 학자의 말일지라도 그의 말을 단순히 받아들이기만 해서는 안 된다. 이렇게 배움에 몰두하다 보면 교사와 학생 모두 자신을 잊는 것처럼 보일지도 모른다. 그러나 교육과정을 거치면서 이들은 자신에 대해 더 많은 것을 발견하고 더욱 자신을 믿을 수 있게 된다.

지식과 비판적 지성이 공존하는 대학

에머슨은 우리가 자기 발로 서는 법을 배우면 세상 속에서 훨씬 만족스럽게 살아갈 수 있다는 메시지를 전한다. 자기다움을 고집하고 모방과 순응을 거부함으로써 우리는 쓸데없는 후회와 무의미한 비판을 피할 수 있다. 그는 불만이 자신을 믿지 못하는 데서, 다시 말해 의지가 박약할 때 생긴다고 지적한다. "타인에게 닥친 재난에 공감하며 고통받는 이를 도울 수 있다면 그렇게 하라. 그렇지 않다면 자기 일에 충실하라. 그러면 불행은 이미 치유되기 시작한다." [37]

'자기 일에 충실하라'는 말은 에머슨의 《자기 신뢰》가 전하는 교훈의 핵심이다. 자기 일에 충실할 때 우리는 세상에 순응하려 애쓰지 않고도 세상을 바로잡는 데 기여하는 셈이다. 하지만 세상에는 진정한 자신의 일을 찾는 것을 방해하는 요소가 많다. 에머슨은 재산과 그 재산을 지키는 제도야말로 자기 신뢰를 심각하게 갉아먹는 요소라고 지적한다. 그는 사람들이 물질적 가치를 사랑하며 부를 축적하느라 바쁘다는 사실을 잘 알고 있었다. 장 자크 루소Jean-Jacques Rousseau의 통찰대로, 에머슨 역시 많은 것을 소유할수록 자신의 존재는 희미해진다는 사실을 깨달았다. 지킬 것이 많아질수록 사람은 점점 나약해지고 만다.

자기 일에 충실하다는 것은 더 많은 것을 갖는다는 뜻이 아니라 자신이 마땅히 해야 한다고 느끼는 일을 찾는다는 의미다. 교육은 우리가 의미 있다고 생각하는 일을 찾을 기회를 제공해야 한다. 에머슨은 제퍼슨의 교육관에서 한 걸음 더 나아가 지식이 확산되더라도 여전히 남아 있는 순응의 위험을 지적했다. 탐구와 토론의 자유만으로는 부족했다. 진정한 자유를 위해서는 여기에 순응과 모방을 피하려는 자세가 반드시 동반되어야 했다. 교육은 지식을 널리 전하는 동시에, 지식을 전파하는 사람의 권위를 허물어뜨리는 '반발적 사고'를 가르칠 필요가 있었다. 에머슨 역시 자신이 자기 신뢰를 설파하는 권위자라는 모순을 잘 알고 있었고, 사람들이 자신의 주장을 생각 없이 모방하지 않기를 바랐다.

이러한 모순은 자유 교양교육에서 여전히 중요한 의미를 지닌다. 대학은 연구를 통해 지식을 생산하는 창조성, 그리고 그것을 많은 사람과 나누기 위한 권위를 갖춘 곳이어야 한다. 그러나 이와 동시에 일반적 통념에 도전하는 비판적 사고를 보호하는 곳이어야 한다. 지식의 보고, 비판적 사고의 보루라는 대학의 두 가지 책무에는 긍정적 긴장감이 흐른다. 이러한 긴장감은 자유교양교육의 핵심이기도 하다. 우리는 대학 교육을 편협한 직업훈련으로 대체함으로써 이 긴장을 해소하려 해서는 안 된다. 이 긴장감이야말로 대학을 살아 있는 곳으로 만들어주는 요소이기 때문이다.

02

교육은 어떻게
세상을 바꾸는가?

"

교육의 목표는 인간의 자유와 성숙이지
특정 업무를 수행할 개인을 만들어내는 것이 아니다.
후자는 오히려 노예제의 정의에 가깝다.

"

교육은 사람들에게 시민 정신과 자율성을 가르쳐야 했다. 또
단순한 모방을 피하고 진정한 자신을 찾도록 이끌어주어야 했다. 그
리고 사람들이 스스로 의미 있다고 생각하는 일을 찾을 기회를 제
공해야 했다. 하지만 제퍼슨과 에머슨의 이런 교육관은 부유층, 기
껏해야 중산층 학생에게만 해당하는 개념이었다.

허드렛일 외에는 선택지가 없는 사람이 '의미 있는 일을 찾으라'
는 말에 귀를 기울일까? 어떻게든 가난에서 탈출하는 것이 가장 시
급한 과제인 학생에게 시민 정신과 비판적 사고를 가르치는 것이
과연 의미 있는 일일까? 19세기 말이 되면서 이러한 질문들은 점차
중요한 사회문제로 대두되었고, 신분이 낮은 계층과 그 자녀들은 이
문제를 더욱 깊이 체감할 수밖에 없었다.

부커 T. 워싱턴Booker T. Washington, 1856~1915은 1903년 미국에서 가장 영향력 있는 흑인 가운데 한 명이었다. 그는 당시의 교육제도에 대해 다음과 같이 불만을 표했다. "외국어를 배운 젊은이는 많아도 목공이나 기계설계, 건축을 배운 학생은 거의 없다. 라틴어를 배운 사람은 많아도 수리공이나 대장장이가 되는 교육을 받은 이는 없다. 농부가 될 젊은이들이 공부를 하겠다고 떠나서 농사와는 아무 관계없는 것만 배워 돌아온다." [1] 그는 흑인과 그 후손들에게 고도로 실용적인 교육이 필요하다고 강력히 주장했다.

버지니아의 어느 작은 농장에서 노예로 일했던 워싱턴은 남북전쟁이 끝난 뒤 버지니아 서부의 광산에서 일했다. 버지니아 주에 있는 햄프턴 전문학교는 워싱턴에게 결정적 영향을 미쳤다. 노예에서 해방된 흑인을 보호하고 그들에게 기초 교육을 제공할 목적으로 설립된 햄프턴 전문학교는 순식간에 영향력 있는 교육기관으로 성장했다. 햄프턴은 수백 명의 흑인 교사를 배출했고, 이 교사들은 다시 수많은 흑인 어린이를 가르쳤다. 이곳에서 학생들은 직접 손을 써서 일하는 법을 배웠다.

워싱턴이 학교에 입학할 무렵 햄프턴에는 창립자 새뮤얼 암스트롱Samuel Armstrong의 교육관이 확고히 자리 잡고 있었다.

"우리가 해야 할 일은 분명하다. 뛰어난 흑인 청년들이 다른 흑인들을 가르치고 이끌 수 있도록, 땅을 일구고 가정을 꾸림으로써 모범이 될 수 있도록 가르쳐야 한다. 그들도 제 힘으로 돈을 벌어야 한다는 사실을 알아야 한다. 노동의 가치를 가르치고, 의미 없는 허드렛일 대신 기술을 배워 써먹을 수 있도록 이끌어야 한다. 그럼으로써 우리는 올바른 인성을 가진 고급 노동력을 키울 수 있게 된다."2)

햄프턴의 교풍은 경제적 독립을 최우선으로 삼고 있었다. 암스트롱은 노동에 책임을 지고 모두가 자신의 몫을 다함으로써 인간이 도덕적으로도 성숙할 수 있다고 믿었다. 그는 마음과 영혼의 독립이 경제적 독립에서 나오기 마련이라고 생각했다.

햄프턴에서 받은 교육의 영향으로 워싱턴은 경제적인 성공을 거두어야만 흑인도 백인들에게 온전한 사회 구성원으로 인정받을 수 있다고 확신하게 되었다. 워싱턴에게 자기 신뢰란 무엇보다도 남부럽지 않게 생계를 꾸리는 능력이었다. 기초 학문과 직업교육을 함께 가르친 햄프턴의 교육 방식은 워싱턴이 훗날 교육자이자 학교 설립자, 유명 인사로서 걸출한 경력을 쌓는 데 밑바탕이 되었다.

햄프턴에서 교사 겸 교직원으로 일하던 워싱턴은 비슷한 전문학교를 세우기 위해 앨라배마 주로 떠났고, 1881년 기초 학문과 직업교육을 병행하는 터스키기 전문학교가 설립됐다. 디스키기에서 워싱턴은 일개 교사가 아니었다. 그는 적극적으로 학교 운영 기금을 모으고 학교의 뼈대를 세워갔다.

　가난에서 탈출하고자 했던 흑인들은 워싱턴의 말에 귀를 기울였다. 정치적인 문제를 건드리지 않았기에 백인들도 워싱턴의 제안을 기꺼이 받아들였다. 워싱턴은 이른바 '타협주의자'였다. 흑인들의 경제적 성공을 도울 수만 있다면 인종차별을 유지하는 남부의 제도를 기꺼이 받아들이겠다고 선언했다. 그는 선거권을 요구하기보다 교사와 기술자를 양성하도록 지원해 달라고 요청했다. 평등을 요구하기보다 교육받은 흑인을 위한 일자리 마련에 협조를 구했다. 워싱턴의 호소는 돈 많은 사업가와 점잖은 교육가, 심지어 대통령에게도 공감을 얻었다. 그는 곧 미국에서 가장 유명한 흑인이 되었고, 남부와 북부를 통틀어 흑인을 대표하기에 매우 적합한 인물로 여겨졌다.

　그러나 19세기 말에 접어들면서 워싱턴의 타협주의 탓에 흑인이 2등 시민에서 벗어나지 못한다는 비판이 일기 시작했다. 흑인도 직업을 얻고 돈을 버는 것뿐 아니라 시민권을 완전하게 누릴 수 있어야 한다는 주장이 제기됐다. 진정한 시민이 되기 위해서는 폭넓은 교육을 통해 정신적 자유를 손에 넣어야 했다. 이런 비판의 중심에는 윌리엄 듀보이스William Edward Burghardt Du Bois, 1868~1963가 있었다.

경제적 독립을 넘어 평등으로

남북전쟁이 끝난 직후 매사추세츠에서 태어난 듀보이스는 워싱턴의 명성이 절정에 달했을 무렵 사회에서 막 인정받기 시작했다. 듀보이스는 하버드와 피스크대학교에서 석사 과정을 마치고 하버드에서 박사 학위를 받았으며(그는 하버드에서 박사 학위를 받은 최초의 흑인이었다), 베를린대학교에서 다시 대학원 과정을 밟을 정도로 대단한 지식인이었다. 그는 고전 문학 교수이자 역사학자로 활동하며 시와 희곡, 소설 집필 등 일일이 언급할 수 없을 정도로 다양한 분야에 손을 댔다. 사회학 분야에서 낸 책은 막스 베버Max Weber에게 극찬을 받기도 했다.

걸작으로 꼽히는《흑인의 영혼(The Souls of Black Folk)》에서 듀보이스는 터스키기 전문학교를 세운 워싱턴의 업적을 어느 정도 인정했다. 하지만 그가 흑인에 대한 미국 사회의 차별을 받아들이고 폭넓은 교육 기회를 차단한 점은 가차 없이 비판했다. 듀보이스는 백인 사회가 흑인이 교육받는 것을 두려워한다고 생각했다. 그는 "언제든, 누구에게든 교육은 반드시 위험과 혁명, 불만과 불평을 불러일으킨다. 그럼에도 인간은 알려고 애를 쓴다"[3]고 말했다. 인간은 자유를 갈구하는 것과 마찬가지로 지식을 갈구한다. 그러므로 교육기관은 인간의 지적 욕구를 학교라는 울타리 안에 가두려 하지 말고 오히려 자극해야 한다.

경제적 독립만을 중시했던 워싱턴과 달리 듀보이스는 정치적 평등을 강조했다. 노예 해방 이후에도 미국의 흑인 대다수는 기초 교육조차 받을 수 없었다. 이런 상황에서 그는 젊은이들이 자기 능력에 맞는 교육을 받아야 한다고 주장하며, 워싱턴의 반지성주의적 태도를 비판했다. 지식은 현실적 삶의 요소와 단단히 연결되어야 한다는 워싱턴의 주장에 반대하지는 않았지만, 듀보이스는 현실적 삶의 요소를 더 넓은 의미로 파악하고자 했다. 행복의 추구가 곧 부의 추구라는 의견에 동의할 수 없었기 때문이다. "대학의 역할은 단순히 돈을 버는 방법을 가르치거나 교사를 양성하거나 상류사회의 중심지가 되는 것이 아니다. 대학은 무엇보다 생활과 인생에 대한 통찰 사이의 균형을 잡는 곳, 다시 말해 문명 발전의 열쇠가 되는 곳이어야 한다."[4] 듀보이스는 삶과 지식 사이의 균형을 강조했다.

그는 불평등이 존재하는 억압적 사회에서는 삶과 지식 사이에서 균형을 잡는 것이 특히 어렵다는 사실을 잘 알고 있었다. 또 교육이 자유로 가는 길이라는 이상을 굳게 믿었지만, 서로 다른 사람에게는 서로 다른 교육이 필요하다는 점도 인정했다.

"백만, 7백만, 6천만 명에게 어떤 교육이 가장 좋을지 묻는 것은 얼마나 어리석은가! 직업훈련을 해야 하는가, 교양교육을 해야 하는가? 답은 둘 다인 동시에 어느 쪽도 아니다. 노동자에게는 일하는 법을, 사상가에게는 생각하는 법을 가르쳐야 한다. 목수가 될 사람은 목수로, 철학자가 될 사람은 철학자로 키우고 바보는 바보인 채로 두어야 한다. 여기서 멈춰서도 안 된다. 우리는 단자화된 개인이 아니라 인간이 모인 유기적 공동체, 아니 공동체 안에 있는 더 작은 공동체를 길러낸다. 이때 교육이 궁극적으로 도달하려는 지점은 철학자나 벽돌공이 아니라 인간이어야 한다." 5)

교육의 목표는 인간의 자유와 성숙이지 특정 업무를 수행할 개인을 만들어내는 것이 아니다. 후자는 오히려 노예제의 정의에 가깝다. 듀보이스는 직업훈련에만 초점을 맞췄던 20세기 초반의 흑인 교육을 이해할 수 없었다. "백인들은 대학에서 교사와 목사, 변호사와 의사를 길러내는데, 흑인에게는 그런 것이 필요치 않다는 말인가?" 그는 사회를 향해 물었다.

자신의 경험에 비춰 듀보이스는 흑인도 얼마든지 제약 없는 교육을 받을 수 있어야 한다고 생각했다. 그러나 수많은 흑인들이 그를 본받아 하버드나 베를린대학교에서 고전과 역사, 철학을 배워야 한다는 뜻은 아니었다. 듀보이스는 젊은이들이 '능력에 맞는' 교육을 받아야 한다고 강조했다. 기술자나 농부로 일하기 위해 읽고 쓰는 것만 배워도 충분한 사람이 있다. 그런가 하면 뚜렷한 재능을 가진 어떤 이들은 수준 높은 교육을 받아 지식 발전에 이바지할 수도 있다. 듀보이스는 후자를 "재능 있는 1할"이라고 불렀다. 이들은 남이 그어놓은 선을 넘어서 후대에 긍지와 영감을 주는 지도자가 될 재목이었다. 또 기회만 평등하게 주어진다면 이들은 누구와도 경쟁할 수 있을 것이었다.

그러나 이런 경쟁력은 특별히 백인 사회에서 갖춰야 할 경쟁력이 아니었다. 그는 민족과 상관없이 '대중을 타락과 종말에서 벗어나도록' 이끄는 능력에 초점을 맞추었다. **6)** 또 이런 수재들이 경제 성장을 문화적 진보로 착각하지 않기 위해서는 폭넓은 대학 교육을 받아야 한다는 점을 강조했다. "모든 사람이 대학에 갈 수는 없지만, 꼭 대학에 가야만 하는 이들도 있다. 조직과 국가는 자극이 되어줄 촉매, 즉 인재를 길러낼 기관을 갖춰야 한다. 먹고살기 위해서는 고된 노동이 불가피하다는 사실에만 정신이 팔려 눈앞의 이익에 연연하고, 돈을 신처럼 떠받드는 과오를 저지르지 않으려면 교육이 필요하다." **7)** 그는 인생에 돈이 전부가 아니라는 사실을 청년들에게 일깨워야 한다고 독려했다.

대학의 통신

듀보이스는 인종차별을 과감하고 날카롭게 비판하며 교육이야말로 인종주의에 저항하는 열쇠라고 굳게 믿었다. 하지만 단순히 백인을 의식해 성공에만 집중하는 교육은 반대했다. 민족과 학문적 깊이에 대해 고민하지 않고 금전적 성공만을 추구하는 것은 의미가 없다고 여겼기 때문이다.

> "돈을 교육의 목적으로 삼는다면 장사꾼은 키울 수 있지만 진정한 인간은 키울 수 없다. 기술을 교육의 목적으로 삼으면 장인을 기를 수는 있지만 인간을 길러낼 수는 없다. 인간을 키워내고 싶다면 인간성의 고양을 교육의 목적으로 삼아야만 한다. 지성과 공감, 과거와 현재에 대한 지식, 그리고 인간과 세계의 관계, 이런 것들을 가르치는 대학이야말로 진정한 삶을 떠받치는 기반이 된다. 이러한 기초 위에 돈을 버는 수단과 손을 쓰는 기술, 머리를 쓰는 방법을 쌓아 올리면 삶의 수단을 목적으로 착각하는 일을 피할 수 있다." [8]

급격한 산업화 시대, 모든 사람들이 부를 찬양하는 시대에는 그 어느 때보다 삶의 수단을 목적으로 착각하는 세태를 비판할 사람이 필요하다. 듀보이스는 '재능 있는 1할'에 속하는 젊은이들이 오늘날로 치면 골드만삭스의 인턴이 되거나, 교외에 별장을 가진 부자들

틈에 끼어들려고 애쓰기를 원하지 않았다. 기득권층에 성공적으로 편입되는 것은 재능을 제대로 사용하는 길이 아니었다. 듀보이스는 오늘날 우리 사회에도 유효한 말을 남겼다. "우리 사회는 선생을 가르칠 만큼 폭넓은 교양을 갖춘 인재들을 길러낼 준비조차 되어 있지 않다. 그럼에도 모든 것이 문제없이 돌아가리라 낙관하는 것은 성공이라는 환상에 취한 산업주의에 지나지 않는다." [9]

폭넓은 교양을 갖춘 인재란 대학을 나온 사람들을 가리켰다. 대학은 학생들에게 지식의 세계를 열어주고, 학자들이 새로운 지식을 창조할 수 있는 안식처가 되어야 했다. 듀보이스는 진정한 교육은 사회를 잠식하는 물질만능주의와 거리를 두어야 한다고 주장했다. 그는 대학 교육이 자유로 가는 길인 동시에 막중한 책임을 짊어지는 일이기도 하다고 생각했다. 대학은 스스로의 가능성을 믿는 학자를 길러내는 동시에, 타인의 삶을 구원하기 위해 노력하는 문화의 전도사를 길러내야 하기 때문이다.

연구 중심 대학과 자유 교양교육

흑인 가족이 많지 않았던 매사추세츠의 작은 마을에서 듀보이스의 재능은 금세 눈에 띄었다. 마을의 지도자들은 듀보이스가 가족을 잃자 그를 남부로 보내 공부를 계속하게 했다. 피스크대학교는 해방 노예를 교육하기 위해 내슈빌에 세워진 학교였다. 듀보이스가 열여섯의 나이로 학부에 입학했을 때 피스크대학의 역사는 겨우 20년밖에 되지 않았다.

내슈빌에 간 듀보이스는 남부에서 여전히 차별받는 흑인들의 실상을 보고 큰 충격을 받았다. 그는 남부 재건(남북전쟁이 끝난 뒤 남부의 여러 주를 미연방에 복귀시키기 위해 시행된 정책 – 옮긴이 주)이 절반의 성공으로 끝난 뒤 극심해진 흑인 인권 탄압을 현장에서 목격했다. 학교라는 울타리 안에서는 차별을 그리 체감할 수 없었을지 몰라도, 폭력적 백인 우월주의는 그에게 깊이 각인되었다. 해방 노예들의 역동적인 문화 또한 자신이 떠나온 뉴잉글랜드와는 크게 달랐고, 그에게 잊을 수 없는 기억으로 남았다.

3년 만에 피스크를 졸업한 듀보이스는 매사추세츠로 돌아가 하버드에서 다시 학부 과정을 밟았다. 200년이 넘는 역사의 하버드는 당시 급격한 변화를 겪는 중이었다. 변화의 중심에는 1869년 총장을 맡았던 찰스 윌리엄 엘리엇Charles William Elliot이 있었다. 그 무렵 하버드는 여전히 미국 경제와 산업 분야에서 주도적 역힐을 할 엘리트 양성에 집중하고 있었다. 하버드 출신인 엘리엇은 이제 모교도 변해야 할 때라고 생각했다. 총장 임기 동안 엘리엇은 하버드를 현대적 연구 중심 대학으로 바꾸는 데 성공했다. 엄격한 지도와 규칙은 사라지고 대신 선택과목 제도와 수준 높은 세미나, 전문교육이 그 자리를 차지했다. 이제 하버드의 중심은 인성 교육이 아니라 연구였다. [10]

하버드의 혁신은 아이비리그에서 상당한 불화를 일으켰다. 특히 19세기 말 프린스턴의 총장을 맡았던 제임스 맥코시James McCosh는 엘리엇의 정책에 강하게 반발했다. 맥코시는 적어도 입학 후 2년 동안은 학생들이 공부할 과목을 학교가 정해 주어야 한다고 생각했다. 프린스턴에서 교양교육이란 전통 문화를 익힌다는 뜻이었다. 학생들은 이런 전통을 배운 뒤에야 자신의 길을 선택하도록 허락받았다.

하버드는 원래 혁신의 첨단을 걷는 학교는 아니었지만, 엘리엇의 주도 아래 학부 교육과정을 자율화하고 매우 체계적인 전문교육과정과 대학원 과정을 확립했다. 엘리엇은 학생들에게 과목을 선택할 자유를 주었다. 학생들이 대학에 다닐 정도로 똑똑하고 성숙하다면 스스로 자신의 배움을 계획할 수 있도록 해주어야 한다고 주장했다. 이런 주장은 제퍼슨이 버지니아대학교를 세우며 내세웠던 교육관에 상당히 접근했다고 볼 수 있다.

하버드대 학생들은 필수 작문 과목을 제외하면 자신이 원하는 수업을 들을 수 있었고, 예전처럼 굳이 특정 직업을 준비하거나 실생활에 유용한 기술을 익힐 필요가 없었다. 대학에서는 어떤 목적 없이 마음에 든다는 이유만으로 자신이 원하는 과목을 공부할 수 있어야 했다.

듀보이스는 변화한 하버드에서 자신이 원하는 대로 철학을 공부했다. 자서전에서 밝혔듯 듀보이스는 이곳에서 많은 것을 배웠다. 하버드에서 그는 자신의 사상에 큰 영향을 미친 윌리엄 제임스 William James, 1842~1910와 친분을 쌓았다. 또 미국의 철학자이자 당시 하버드대 철학과 교수였던 조사이어 로이스Josiah Royce를 멘토로 삼아 철학 모임에서 칸트를 연구했고, 철학자이자 시인이었던 조지 산타야나George Santayana와 독서에 탐닉했다.

듀보이스는 학업에 열중했고 탁월한 성적을 거뒀지만 백인 학부생과는 가까이 지내지 않았다. 최상의 교육을 받기 위해 하버드에 들어갔을 뿐, 백인 청년에 관해 알아야 할 것은 피스크 시절에 다 알았다고 생각했던 것이다. 그는 학위수여식에서 학교가 주는 상을 받고, 감동적인 연설을 하기도 했다. 이렇게 하버드를 우수한 성적으로 졸업한 것만으로 그가 꿈을 이루었다고 생각하는 사람들도 있었지만, 듀보이스는 개인적인 차원의 성공보다 더 큰 사명감에 불타고 있었다.

그는 사명을 안고 박사 학위를 딸 계획을 세웠다. 당시 하버드는 학부 과정이 비교적 자유로운 반면 대학원 교육은 매우 체계적이었으며, 연구 활동 역시 전문직 수행 능력을 목표로 이루어졌다.

예전에 하버드 학생들은 학사 학위가 없어도 의과대학이나 로스쿨에 들어갈 수 있었다. 1890년대 들어서야 의대 같은 전문 과정을 들으려면 학사 학위가 있어야 한다는 조건이 생겼다. 교수가 되려면 박사 학위가 필요하게 된 것도 이때부터였다. 대학 교수진에게는 전문성이 요구되기 시작했다. 최고의 전문가를 키우는 대학원 과정을 지도하려면 그만한 권위가 필요했다.

연구 중심 대학이라는 새로운 틀은 독일에서 들어온 개념이었다. 독일에서 열리는 세미나는 연구 기반 교육의 온실이었고, 미국 대학들은 여기서 나온 개념을 적극적으로 받아들였다. 나폴레옹 시대가 열릴 무렵 독일 대학들은 개혁을 거치며 정부와 교회의 영향에서 벗어났다. 비센샤프트(Wissenschaft), 즉 과학적 지식을 추구하는 대학은 자유로운 탐구의 보루로 거듭났다. 대학은 학생의 배움이나 교육의 활성화를 위해 존재하는 곳이 아니었다. 시민이나 지도자를 길러내기 위한 곳도 아니었다. 대학의 사명은 활발한 연구를 통해 새로운 지식을 창출하는 것이었다.

많은 미국 대학이 이런 독일식 연구 패러다임을 받아들였고, 이

패러다임은 곧 사회과학의 새로운 분야로 자리 잡았다. 미국 학계는 독일의 엄격한 방법론과 철저한 실증적 연구 결과에 강한 영향을 받았다. 미국의 역사 깊은 대학들 중 몇몇은 독일식 연구 중심 대학을 본받아 개혁에 활용했고, 비교적 역사가 짧은 대학들도 따라서 변하기 시작했다. 1876년 개교한 존스홉킨스대학교는 연구 중심의 진지한 학풍을 세우기 위해 학부생을 아예 받지 않고 독일 유학파로 교수진을 구성했다. 논문, 곧 학문적 성과를 중시했던 존스홉킨스에는 인성 교육이 설 자리가 없었다. 다른 학교들도 이런 연구 중심 대학의 뒤를 따랐다.

그 무렵 듀보이스는 자신의 전공인 철학을 인종 문제에 접목해 역사적으로 다뤄보고 싶다는 생각을 갖고 있었다. 독일에서 공부할 수 있다면 지적 지평이 넓어질 뿐 아니라 학자로서의 지명도도 크게 올라갈 터였다. 듀보이스는 당시 많은 국제 장학금이 집중되던 베를린대학교를 목표로 삼았다. 돈이 없었던 듀보이스는 베를린대학교의 전임 총장 러더포드 B. 헤이스Rutherford B. Hayes에게 도움을 요청했다. 흑인에게 지원되던 장학금을 책임지던 헤이스는 돈을 들여 유럽으로 보낼 만한 인재가 없다고 불평하던 참이었다. 듀보이스는 거절에 굴하지 않고 끈질기게 요청한 끝에 결국 장학금과 학자금 대출을 받아내 새로운 사회과학의 산실이 된 베를린으로 향했다.

미국을 벗어난 듀보이스는 고국을 이제까지와는 전혀 다른 관점에서 볼 수 있었다. 그는 독일 대학에서의 경험을 이렇게 회상했다.

"나는 미국이라는 세계를 밖에서 들여다보게 되었다. 학생이든 교수든 지인이든 그곳 사람들은 나와 같은 관점으로 미국을 바라보았고, 그들은 모두 백인이었다. 그들은 나를 신기한 생물이나 인간 이하의 존재로 취급하지 않았다. 나는 그저 학생 신분으로 소소한 특권을 누리는 한 명의 인간일 뿐이었다." [11]

그는 베를린에서 정치경제학으로 관심을 돌렸고 정치경제사를 전공으로 삼았다. 당시 독일의 사회과학은 크게 발전하는 중이었다. 듀보이스가 독일에 오기 훨씬 전부터 독일은 복지국가로 첫발을 내딛고 있었다. 베를린대학교는 단순히 전문가를 양성하는 곳이 아니었다. 듀보이스가 보기에 베를린은 긍정적이고 때로 급진적인 공헌을 통해 세상을 바꿀 수 있는 지식인을 길러내는 곳이었다. 교수진은 듀보이스에게 연구가 정책을 개선하고 세상을 바꿀 수 있다는 확신을 주었다. 그는 훗날 "독일에 가지 않았다면 나는 흑인밖에 없는 세계에 갇혀 오만하고 편협하게 살아갔을 것"이라고 고백했다. 듀보이스는 독일의 사회과학에서 인종주의에 맞서기 위해 필요한 학자의 자세, 즉 사회 개혁에 적극적으로 참여하는 지식인의 모습을 발견할 수 있었다.

하지만 이런 연구 중심 대학에서 수학하면서도 듀보이스는 교양 교육이 비실용적이라는 비판을 일관되게 반박했다. 피스크와 하버드, 베를린에서 각각 다른 대학 교육을 받았지만 그러는 동안에도 교양교육의 핵심 가치만은 굳게 믿고 있었다. 그는 전문화된 연구 중심 대학의 장점을 잘 이해하면서도 여전히 능력과 힘을 기르기 위해서는 자유 교양교육이 꼭 필요하다고 생각했다. 전문성은 교양 교육의 기반 위에 세워지는 것이지 교양교육을 대체할 대안이 아니었다.

햄프턴 전문학교에서 했던 연설에서 그는 "소크라테스는 바보가, 예수는 괴짜가 될 법한 논리로 실용성을 고집하는 사람들이 있다"[12]며 그곳의 제한적인 교육 방식을 비판했다. 또 교육의 목표는 대학의 커리큘럼을 넘어 캠퍼스 밖으로까지 이어져야 함을 강조했다.

"고등교육의 목표는 힘을 기르는 것, 균형 잡힌 의견으로 인류 문명에 이바지할 수 있는 인간을 키우는 것이다. 반면 기술 교육 의 목표는 생계를 유지하는 데 필요한 방법을 익히는 것에 불과하 다……. 교육은 청년들이 힘과 생각, 잘 다듬어지고 단련된 취향을 지닌 인간으로 성장하도록 돕는 역할을 해야 한다. 대학은 문명이 어디로 향하고 있으며 그것이 무엇을 의미하는지 아는 인간이 되도록 그들을 이끌어야 한다."[13]

한편 듀보이스는 모든 사람들이 이런 교육에 접근할 수 없는 현실을 지적했다. 그리고 그 이유를 능력이 아닌 경제적 배경으로 꼽았다. 그는 "모든 인간을 이런 식으로 교육하는 것이 이상적이며, 우리는 그 이상에 다가서야 한다"고 확고하게 주장했다. 또 개인의 자유와 깊이 얽혀 있는 사회적 관계의 중요성을 역설했다. 기술을 익히는 것을 폄하해서는 안 되지만, 스스로의 가치를 깨닫고 그에 따라 살도록 이끌어주는 교양교육이 기술에 자리를 내주어서도 안 된다는 것이 그의 생각이었다.

자신을 극복하고 사회에 기여하기까지 : 제인 애덤스

듀보이스와 마찬가지로 제인 애덤스Jane Addams, 1860~1935는 남북전쟁의 그늘에서 자랐다. 공화당 일리노이 지부의 창설자였던 아버지 슬하에서 애덤스는 링컨의 업적을 우러러보며 자랐다.

어린 시절 그는 교양교육 중심의 여자대학인 스미스칼리지에 들어가 의학과 관련된 일을 하고 싶다는 꿈을 품었다. 하지만 결국 아버지의 고집으로 록포드 여자사범학교에 들어가게 되었다. 애덤스는 록포드에 잘 적응했다. 하지만 록포드는 사범학교였고, 그는 교사가 되고 싶은 마음이 전혀 없었다.

애덤스는 스미스칼리지에 진학해 사회적으로 쓸모 있는 일을 하고 싶다는 꿈을 버리지 않았다. 록포드에서 그는 배울 수 있는 것은 모두 배우며 최고의 성적을 받았다. 하지만 그가 보여준 지적 재능에도 아버지는 여자에게 맞는 길이 따로 있다는 고집을 꺾지 않았다. 1881년 학교를 졸업한 애덤스에게 아버지는 괜히 힘들게 공부를 시켰다는 말과 함께 앞으로 더 가정적이고 여성스러운 활동을 찾아보라고 권했다.

그러나 그해 여름 아버지가 급성 맹장염으로 세상을 떠났고, 그는 갑작스레 주어진 자유와 책임, 불확실성 속에서 방황했다. 경제적 자유를 손에 넣었지만, 동시에 돌봐야 할 어린 친척들이 생기기도 했다. 이제 앞을 막을 아버지가 세상에 없는데도 애덤스는 앞으로 나아가기를 망설였다. 너무 많은 선택지 사이에서 어쩔 줄을 모르게 된 그의 고민은 점점 깊어졌다.

1882년 결국 쓰러지고 만 그는 신경쇠약 진단을 받았다. 유명한 신경과 의사였던 그의 주치의는 단순하고도 가차 없는 처방을 내렸다. 신체적, 정신적 자극을 일절 금하고 휴식을 취하며 이기적으로 살려는 욕심을 버리라는 지시였다. 이 처방은 지배적 문화에 순응하라는 뜻이나 마찬가지였고, 의사의 말에 따르라는 주변의 압력은 엄청났다.

그러나 애덤스는 그런 압력에 굴하지 않을 만큼 강한 정신력을 지니고 있었고, 스스로 그것을 증명했다. 그는 학업을 계속 이어갔지만, 스미스칼리지에 들어가지는 않았다. 대신 유럽 각지를 돌며 음악과 미술, 역사를 공부하는 길을 택했다. 그러다 여행길에서 자신의 평생을 걸 만한 일을 발견했다. 바로 가난한 이들에게 진정으로 귀를 기울이고 그들을 돕는 것이었다.

19세기 말의 정신의학과 기독교 교리는 여성에게 자기희생을 요구했다. 가난한 사람들을 돕는 것은 이런 사회의 요구와 자신의 꿈이었던 공공사업을 동시에 충족하는 일이었다. 애덤스는 암환자를 도우며 비로소 우울증에서 벗어날 수 있었다.

1889년 그는 헐 하우스(Hull House)를 설립했다. 이곳은 교육받은 여성이 저소득층(대개 이민자 가족)과 함께 거주하며 그들에게 교육적·문화적 기회를 제공하는 '복지관'이었다. 애덤스는 그들을 가르치는 만큼 자신도 그들에게 배운다는 점을 강조했다. 헐 하우스는 모두가 함께 만들어가는 공동체였다. 톨스토이의 영향을 받은 애덤스는 기독교의 무저항주의에 기초해 사회적 상호작용과 협동을 중요하게 여겼다. 덕분에 그는 편협한 자기주장과 야망에 사로잡히지 않을 수 있었다. 아이러니하게도 애덤스는 신경과 의사의 처방을 삶에서 실천하게 된 셈이었다.

그가 세운 헐 하우스는 미국 사회에도 커다란 영향을 미쳤다. "1895~1930년 사이에 일어난 모든 개혁에는 직접적이든 간접적이든 제인 애덤스의 이름이 따라붙었다." [14] 그는 오랫동안 미국에서 가장 사랑받는 여성으로 꼽혔다(1차 대전 중에는 반전을 주장하다 불온분자로 낙인 찍혀 시어도어 루스벨트 대통령에게 "미국에서 가장 위험한 여성"이라는 평을 듣기도 했다). 다양한 업적 덕분에 애덤스는 지역과 국제 사회에서 수많은 상을 받았고 결국 노벨 평화상을 수상하기에 이르렀다.

애덤스가 생각해 낸 개념 가운데 교양교육과 관련 있는 것은 크게 두 가지다. 첫 번째는 애덤스가 《헐 하우스에서의 20년(Twenty Years at Hull House)》(1910)에서 언급한 '준비의 덫'이라는 개념이다.

애덤스는 런던 동부의 끔찍한 빈곤을 목격했을 때 그것에 즉각 반응하지 못하고 다른 생각이 떠올랐던 경험을 털어놨다. 타인의 고통에서 눈을 돌리기 위해 그녀는 자기도 모르게 작가 토머스 드 퀸시Thomas De Quincey의 이야기를 떠올렸다. 드 퀸시는 어느 날 위급한 상황에 빠진 부부를 만나게 된다. 하지만 《일리아스(Ilias)》에서 아킬레스가 위험을 경고할 때 썼던 정확한 문구가 뭐였는지 생각하느라 입을 열지 못했다고 한다. 눈앞에 있는 심각한 상황에 반응하는 대신 애덤스는 마찬가지로 드 퀸시를 떠올리고 말았다. 《일리아스》와 드 퀸시를 안다는 사실이 행동을 막는 걸림돌이 되었고, 교육이 회피를 조장한 것이다. 눈앞에 펼쳐진 중대한 상황에 반응하는 대신 문학을 떠올리며 꾸물거린 자신을 돌아보고 애덤스는 다음과 같은 결론을 내렸다.

"오늘날 여성이 받는 교육은 지식을 얻고 단지 그것을 받아들이는 능력을 키우는 데에만 지나치게 집중되어 있다. '교육을 받는' 과정에서 우리는 인간적인 호소에 즉각 순수하게 반응하는 법을 잊어버렸다. 아무것도 할 수 없는 타인의 고통 앞에서 바로 반응을 보이고 행동하는 선량함을 잃었다. 과잉보호 속에서 응석받이가 된 나머지 '위대한 거절(Great Refusal, 단테의 《신곡》에 나오는 구절)'조차 하려 들지 않는다." **15)**

그런데 사실 이 말은 '배부른 소리'나 다름없었다. 애덤스는 유럽을 유람하며 견문을 넓혔고 그럴 만한 경제적 여유도 있었다. 하지만 투우 경기를 보고 마음을 빼앗긴 뒤에도 그것을 즐기기보다 '공부하려' 드는 자신을 발견한 애덤스는 중요한 점을 깨닫는다. 그에게 배움은 더 나은 삶을 위한 수단이 아니라 삶 자체를 대체하는 목적이 되어 버렸다는 사실이다. 애덤스는 "우리는 유예된 목적에 기만당하기 쉽다"고 말하며 공동체 안에서 경험을 통해 배우는 길을 택했다. 바라는 대로 되리라 생각하며 준비만 하는 것은 그에게 더 이상 의미가 없었다.

교양교육에서는 이런 '목적 유예' 현상을 피하기 위해 강의와 더불어 현장 경험을 쌓을 기회를 적극적으로 활용한다. 이러한 체험 활동 혹은 현장학습은 톨스토이와 애덤스가 지적한 '준비의 덫', 다시 말해 학습된 무기력에 대처하기 위한 방법이다.

교양교육에 관한 애덤스의 두 번째 개념은 "애정 어린 이해"다. 애덤스는 1894년 풀먼철도파업(1894년 5월 미국의 철도 노동자들이 임금 삭감과 산업재해에 반발해 벌인 파업으로 정부의 유혈 진압에 의해 마무리됐다)에 관한 연설에서 이 말을 처음 사용했다.

풀먼 파업은 미국 노동사에서 여러 모로 중대한 의미를 지닌 사건이었다. 애덤스는 이 사건을 가부장적 산업구조에서 빚어진 유혈 사태로 보았다. 사업주는 왕처럼 군림하며 경영에 관련된 사항을 독단적으로 결정했다. 파업은 조지 풀먼이 자기 이름이자 회사명을 따서 세운 일리노이 주 풀먼에서 촉발됐다. 이 도시는 노동자에게 필요한 것을 모두 갖추고 있었지만, 실제로 무엇이 얼마에 제공되는지는 순전히 사업주의 뜻에 달려 있었다. 1890년대 초 경제 위기가 닥치자 풀먼은 임금을 삭감하고 건물의 임대료를 올렸다. 풀먼에서 시작된 파업은 전국 규모로 확대되며 지지를 얻었지만, 결국 연방 정부의 개입으로 파업은 끝나고 노조 지도자들은 투옥되었다.

애덤스는 서로 다른 집단에 속한 사람들이 상대방을 이해하지 못해 이런 비극이 벌어졌다고 생각했다. 특히 노동자를 자신의 백성이라고 생각하며 가부장적으로 군림한 자본가의 몰이해가 문제였다.

"(풀먼은) 훌륭한 업적을 세웠지만, 직원들과 인간적이고 솔직하며 허물없이 대등한 관계를 맺는 능력을 잃었다…. 풀먼과 그의 직원들은 서로의 이익을 위해 협력하는 법을 몰랐다…. 그의 회사는 수많은 선행을 베풀었다. 그런 회사를 이끄는 사람이자 위엄있는 고용주가 직원의 처지를 헤아리는 능력을 잃어버린 상황이 끔찍하지 않은가? 서로 자신의 입장만을 밀어붙이느라 우리가 배울 수 있었던 뭔가를 놓치고 만 것은 아닐까?" **16)**

애덤스는 개인적 노력이 중요했던 시대는 끝났으며, 새 시대의 주역이 될 다음 세대는 서로 이해하고 책임지는 관계에 기초한 윤리관을 세워야 한다고 생각했다. 애덤스가 노동 운동에 동조했음은 분명한 사실이다. 연설에서 그는 "현실적으로 시대적 여론이 노동자 해방 쪽으로 향하고 있다는 점에는 모두가 동의하리라 믿는다"고 잘라 말했다.

그러나 그는 사회의 진보를 논함에 있어 계급 갈등은 지나치게 좁은 개념이라는 점도 분명히 했다. 계급 갈등을 넘어선 동맹을 만들고 싶었던 애덤스는 "공통의 이해관계를 가진 것처럼 모든 사람을 똑바로 바라보아야 한다"[17]는 윤리적 원칙을 굳게 믿었다. 주변의 진보 지식인들은(더불어 많은 사회 이론가들은) 이런 면에서 그가 고지식하며 심지어 반동적이라고 여겼다. 이윤 창출에만 연연하는 기업과 노동자들을 가혹하게 탄압하는 정부에 질린 사람들은 정당한 권리를 되찾기 위해 노동자가 폭력적 수단을 쓰는 것은 어쩔 수 없다고 생각했다.

이런 비판을 잘 알면서도 애덤스는 노사가 입장차를 극복하고 서로를 존중할 수 있다고 믿었다. 그는 타인의 관점도 그들의 입장에서는 정당한 것임을 인정하는 데서 정의가 시작된다고 믿었다. 서로에 대한 애정 어린 이해야말로 사회의 진보를 위한 초석이었다.

애정 어린 이해란 상상력을 동원해 타인의 입장이 되어보려는 노력을 말한다. 이런 노력은 입장차가 큰 관계일수록 특히 중요하다. 누군가의 약점을 발견했을 때 그것을 비난하기란 무척 쉽다. 하지만 내 눈에는 약점으로 보이더라도 다른 사람은 그 점을 아무렇지 않게 여길 수도 있는 것이다. 이 사실을 이해하는 것은 어려운 만큼 보람 있는 일이다.

애덤스가 보기에 교육의 목적은 입장이 다른 사람에게 능숙하게 자신을 변호하는 능력을 기르는 것이 아니었다. 교육은 타인을 이해하고 그들과 조화를 이루며 행동하는 법을 가르치는 것이어야 했다. "교양 있는 사람이란 자신의 사교성과 이해력을 활용해… 타인의 경험과 감정을 자기 것처럼 느낄 줄 아는 사람이다."[18]

애덤스의 교육관은 막 싹트기 시작한 교양교육의 전통에 크게 이바지했다. 그는 개인의 자율성과 자기 신뢰를 강조하는 한편, 이를 사회적 책임과 현실 참여에 연결시켰다. 또 이 결합을 위해서는 개인주의를 넘어선 공감 능력과 성실함이 필요하다고 지적했다. 그는 교육이 사회적 목적과 연결되어 있으며, 그 연결고리를 유지하기 위해서는 배움을 통해 연대감을 키워야 한다고 생각했다.

애덤스의 관점에서 보면 우리는 다른 사람과 맺는 관계를 통해 성장한다. 사회적 상상력을 발휘해 자신과 다른 사람을 이해하고 인정하려고 노력하지 않으면 우리는 지적·도덕적 침체에 빠지고 만다. 애정 어린 이해를 통해 우리는 자신과 완전히 달라 보이던 사람들에게서 의외의 공통점을 발견할 수도 있다. 바로 이런 이유 때문에 교양교육을 다지려는 교육기관에는 반드시 다양성이 필요하다. 자유 교양교육은 평범함을 이해하는 법을 가르치는 동시에, 다양성 안에서 차이를 이해하는 능력을 키워야 한다.

세상과의 조화는
자신의 무지를 깨닫는 데서부터 : 윌리엄 제임스

20세기 초 미국에서 발전한 실용주의는 현대 철학에 많은 영향을 미쳤다. 앞서 듀보이스를 다루며 잠시 언급했던 윌리엄 제임스는 실용주의의 핵심 인물 가운데 하나다. 제임스는 젊은 듀보이스가 지적으로 성장하는 데 중대한 역할을 했다. 듀보이스가 철학의 난해하고 심오한 주제에서 벗어나 정치와 역사, 경제와 인종 문제로 눈을 돌리게 된 데는 스승인 제임스의 영향이 컸다. 제임스는 혼탁한 현실 속에서 생각하는 법을 배워야 한다고 가르쳤다.

제임스는 남북전쟁이 시작되기 거의 20년 전에 태어났다. 가족과 함께 제네바와 런던으로 이주했던 그는 미국으로 돌아와 자랐고 다시 공부를 하러 유럽으로 떠나기도 하는 등 남다른 교육과정을 거쳤다. 제임스의 대부는 바로 랄프 월도 에머슨이었고, 제임스는 일관성보다는 충동을 따라 살라는 대부의 충고를 그대로 따르는 삶을 살았다.

그는 과학에 깊은 흥미를 보였지만, 갑자기 그림 공부에 몰두하거나 훌쩍 여행을 떠나기도 했다. 문필가 루이 머낸드Louis Menand가 표현한 대로 제임스는 "감정이 솟구칠 때마다 그에 맞는 행동을 해야 한다고 생각했다. 그리고 감정이 자주 솟구치는 사람이었다." [19] 한동안 그림을 공부하던 제임스는 하버드 의과대학에 입학하지만, 갑자기 동물 탐험대에 들어가 아마존으로 떠났다. 돌아온 후에는 의대를 졸업했지만, 의사로서 진료를 본 적은 없었다. 대신 하버드에서 비교심리학 강사가 됐고, 1870년 중반에는 미국 최초의 심리학 실험실을 설립하기도 했다. 하지만 자신은 실험실에 가만히 앉아 있는 일에 맞지 않는다고 농담 삼아 말하던 제임스는 결국 하버드에서 심리학이 아닌 철학 교수가 되었고, 철학에서 가장 독창적인 업적을 남겼다.

내키는 대로 여러 분야를 옮겨 다녔다고 해서 그가 마냥 행복했던 것은 아니다. 제임스는 종종 의심에 시달렸고 심신을 좀먹는 우울증에 괴로워했다. 하지만 인간, 그리고 인간의 생각과 행동에 대한 끝없는 지적 욕구는 그로 하여금 이런 장애를 이겨내게 했다. 결국 제임스는 식사를 마치는 것보다 입맛이 당기는 대로 먹고 싶은 것을 맛보는 것이 인생을 더욱 흥미롭게 한다는 결론을 내렸다.

제임스가 1870년 봄에 읽은 프랑스 철학자 샤를 르누비에Charles Renouvier의 책은 그의 지성과 교육관에 결정적인 영향을 미쳤다. 제임스는 불변의 진리를 추구하는 철학을 뒤로하고 현실에 맞게 대처할 방법을 찾는 데 집중하기 시작했다. 자신의 열망을 완벽한 논리의 틀 안에 끼워 맞추려 하면 안 된다는 점을 깨달았기 때문이다. 그는 세상을 정확히 설명하는 답을 찾는 것보다 생각과 행동을 통해 세상을 변화시킬 방법을 찾는 것이 더 중요하다고 여기게 되었다. 확실성보다 인간이 만들어내는 변수를 강조했던 성향은 그의 교육관에도 고스란히 드러난다. 교육의 목적은 진리를 발견하는 것보다 세상과 조화를 이루는 데 있다. 배움에서 가장 중요한 것은 세상을 살아가는 더 좋은 방법, 세상을 더 좋은 곳으로 만들 방법을 찾는 것이다.

1899년 제임스는 수년간 진행했던 강연 내용을 묶어 《교사들을 위한 심리학 강연 : 학생들에게 들려주는 인생의 목표 이야기 (Talks to Teachers on Psychology : And to Students on Some of Life's

Ideals)》라는 책으로 출판했다. 이 책의 두 번째 장에는 '인간의 어떤 무지에 관하여'라는 제목이 붙어 있다.

여기서 '무지'는 다른 사람이 세계(세계에는 우리 자신도 포함된다)를 경험할 때 거기에 어떤 가치와 의미를 부여하는지 알 수 없다는 뜻이다. 제임스는 우리가 사물을 판단할 때 감각에 의존한다는 사실을 환기한다. 마찬가지로 우리는 타인에 대해서도 나름의 판단을 내리지만, 사실 그 사람의 기분을 알아차리기란 쉬운 일이 아니다. 우리가 자신과 타인에 대해 어떻게 느끼는지는 자신만의 '중대한 비밀'이다. 우리는 서로에게 낯선 존재다. 제임스는 "타인의 삶 앞에서 우리 자신의 의견은 어리석고 부당할 수밖에 없다"며 "절대적 잣대로 다른 사람의 상황이나 목표를 가늠하려 드는 한 우리의 판단은 틀릴 수밖에 없다"고 주장했다. 또 "타인에게도 당연히 의미가 있지만, 우리가 그것을 모두 알 수 있는 것은 아니"라며 "구경꾼의 판단은 핵심을 놓치기 십상이며, 그렇기에 진실을 담지 못한다"고 지적했다. [20] 그는 노스캐롤라이나를 지날 때 자신의 경험을 예로 들었다.

"숲은 망가져 있었다. 숲을 없애고 '개발'해 놓은 땅은 끔찍한 상처처럼 보였다. 잃어버린 자연의 아름다움을 대신할 인공적 세련미

조차 찾아볼 수 없었다…. 이런데도 자연으로 돌아가라는 말을 하다니! 기분이 상한 나는 지나가며 혼잣말을 했다…. 이렇게 텅 빈 야만의 땅에서 단 하루라도 살겠다고 나서는 문명인은 아무도 없을 것이다. 나는 나를 태워다 주던 토착민에게 물었다. "새로 공터를 만드는 게 대체 어떤 사람들인가요?" "동네 사람 전부요." 그가 대답했다. "아무래도 언덕 사이의 골짜기를 갈지 않으면 여기서 살기가 어려우니까요." 그 순간 나는 내가 이 상황에 숨은 의미 전체를 놓치고 있었다는 사실을 깨달았다. 그 공터들이 내게는 살풍경 외에 아무 것도 아니었기에, 강인한 팔로 열심히 도끼질을 해 공터를 만들고 있는 그들에게도 다를 바가 없으리라고 착각했던 것이다……. 만일 그들이 하버드에서 실내에 들어박혀 학문에 몰두하는 내 모습을 본다면 당연히 그 상황의 의미를 제대로 이해하지 못할 것이다. 마찬가지로 나 역시 그들이 처한 특수한 상황의 의미를 제대로 이해하지 못했다."[21]

제임스는 사람들이 서로를 이해하지 못하는 이유는 자신의 경험에 간힌 나머지 다른 사람의 경험을 그 기준에 억지로 끼워 맞춰 해석하려 들기 때문이라고 설명했다. 그는 이러한 무지를 깨닫는 것이야말로 사회적, 종교적, 정치적 관용의 기본이라고 말했다. "사람들

위에 선 통치자의 어리석고 피비린내 나는 실수는 근본적으로 이러한 사실을 잊은 탓에 일어난다."[22] 그는 무지에서 비롯된 정치인의 무관용을 날카롭게 비판했다.

노스캐롤라이나 일화 뒷부분에서 제임스는 이런 '숨은 의미'를 써내려간 작가들의 말을 인용하고 있다. 우리는 그들의 생생한 묘사를 통해 세상에는 우리가 생각지도 못했던 관점이 존재한다는 사실을 알 수 있다. 문학을 통해 우리는 스스로의 무지를 극복하거나 최소한 인정할 줄 알게 되는 것이다.

로버트 루이스 스티븐슨Robert Louis Stevenson은 옷 속에 등불을 숨기고 마을을 돌아다니는 소년들의 이야기를 들려준다. 아무도 그 등불을 보지 못하지만, 오히려 그런 비밀스러움으로 인해 등불을 숨기고 있다는 즐거움은 더욱 커진다. 소년들을 지켜보는 사람들은 아무것도 눈치채지 못할 것이다. 스티븐슨은 이를 두고 "시(詩)는 아래로 흐르기"때문이라고 말했다. 제임스는 타인의 내면에서 특별한 경험이 되는 일들을 설명하기 위해 스티븐슨의 말을 인용하며 "즐거움이 깃든 곳을 찾아내 거기에 노래보다 훨씬 멀리 퍼져나갈 목소리를 부여하는 것이야말로 시인의 몫"이라고 말한다.

한편 제임스는 주변의 다양한 예를 들어 도구주의의 한계를 지적하며, 윌리엄 워즈워스William Wordsworth와 월트 휘트먼Walt Whitman,

철학자 동료인 조사이어 로이스, 자연과 조우한 여행자들의 이야기까지 근거로 활용했다. 쓸모없어 보이는 행위에서 소중한 의미를 발견한 작가들을 한동안 인용한 뒤 제임스는 다음과 같은 결론을 내린다. "타인의 존재 방식이 무의미하다고 함부로 단언해서는 절대로 안 된다. 아무리 이해할 수 없는 행동이라도 자기 나름대로 순수하게 즐거워하는 사람이 있다면 그를 관대하게 받아들이고 존중해야 한다. 간섭하지 말라. 관찰자 한 사람의 눈에는 온전한 진실도 온전한 의미도 드러나지 않는 법이다."[23]

그는 무언가의 핵심을 찾으려는 데 급급하다 보면 거기에 더 넓은 의미를 불어넣어 줄 무언가를 놓칠 수도 있다고 강조했다. 제임스는 사람들이 어떤 일에서나 '요점'을 찾아내기를 좋아한다는 사실을 잘 알았다. 하지만 그렇게 해서 우리가 구체적으로 얻는 것은 무엇인가?

사실 제임스의 실용주의를 철저한 도구주의와 연관 짓는 사람도 많으며, 제임스 본인도 개념의 '현금 가치'를 논한 적이 있다. 어쩌면 그도 이런 모순을 의식해 오히려 의미 없는 방황인 듯 보이는 휘트먼의 '유유자적'을 찬미했는지 모른다. "궁극적으로 더 많은 진실을 아는 이는 누구이며, 더 조금 아는 이는 누구인가? 마차 지붕에 올라 앉아 경치를 감상하며 내면의 기쁨을 만끽하는 휘트먼인가, 아니면 그의 행동이 부질없다고 업신여기는 당신인가?" [24] 무지를 극복한다는 것은 타인이 헛된 행동을 한다고 여기는 자신의 편견을 넘어선다는 뜻이다. 다시 말해, 무지를 극복하기 위해서는 즐거운 경험에 마음을 열어야 한다.

제임스가 강연에서 경험의 내면적 의미나 자연과의 조우를 예로 들었던 것은 사물에서 이제껏 보지 못했던 새로운 의미를 발견하는 방법을 이야기하기 위해서였다. 교육자는 타인의 경험에 관심을 쏟고 공감하며 그들을 도울 수 있는 특별한 위치에 있다. 교육자는 학생들이 같은 상황을 다른 관점에서 바라볼 때 생겨나는 다양한 의미에 주의를 기울이도록 도울 수 있다. 바꿔 말해, 교육자는 단순히 특정 업무를 수행할 기술을 가르치는 사람이 아니다. 타인의 눈에 빗대어 생각하고, 삶의 의미를 찾는 다양한 방식을 탐색하도록 이끄는 사람이다.

제임스는 교육이 우리의 이상을 새롭고 다양하게 만드는 수단이라고 말했다. 새로움과 다양성은 교양교육의 핵심 가치들이다. 이런 가치를 지키기 위해 교육에서 가장 경계해야 할 것은 우리 자신의 무지다. 무지는 유아론(唯我論)과 독단적 교조주의로 이어진다. 교육자들은 이러한 무지의 위험을 경고하고 이것이 어떤 결과를 부르는지 보여줄 수 있는 위치에 있다. 그래서 제임스의 질문은 여전히 유효하다. "우리가 서로를 긍정적으로 이해할 수는 없다 해도, 적어도 자신이 무지하다는 사실을 잊지 않음으로써 잘 알지 못하는 곳을 지날 때 더 조심할 수는 있지 않을까? 대대로 물려진 이 끔찍한 편협함과 잔인함, 독단과 진실의 왜곡에서 조금이나마 벗어날 수 있지 않을까?" [25]

제임스는 다른 사람이 처한 상황에서 온전한 내적 의미를 찾으려고 애써야 한다고 강조했다. 그런 노력을 통해 우리는 우물 안 개구리에서 벗어나 자신이 속한 배타적 집단의 경계를 넘고, 무언가를 배울 수 있다. 가르친다는 것은 이미 친숙한 사람들에게 뻔한 이야기들을 늘어놓는 것이 아니다. 자신이 정해 놓은 경계를 넘어설 때 우리는 낯선 이들과 마주칠 수 있고, 그 과정에서 서로를 인정하고 받아들이려는 사람들을 만날 수 있다. 또 그렇게 함으로써 우리는 학생들에게 사회에 나가서도 사람들을 이끄는 법을 가르칠 수 있다. 평생학습으로 이어지는 이 길은 교양교육의 핵심이기도 하다.

마찬가지로 교양교육을 통해 자신과 타인을 이해하려 노력하는 일은 시민으로서의 자질을 기르는 민주주의의 초석이 된다. 다양성의 가치를 존중하는 문화, 세상을 바꾸려면 소수의 선구자가 아니라 모든 사람들의 힘이 필요하다는 점을 인정하는 문화에서는 바로 이런 교육이 필요하다.

03
배움의 주체와
소비자 사이에서

"

대학의 목표는 인성을 갈고닦아 인간을 길러내는 것이다.
아는 것만 많은 현자나 단순한 장인, 교활한 궤변론자나 잘난 체하는 전문가만 키워냈다면
대학은 제 역할을 수행하지 못한 것이다.
대학은 지식을 전하기보다 학생들의 흥미를 자극하고 배움의 방법을 제시하며,
힘과 판단력을 길러주고 지성과 도덕성을 북돋아주어야 한다.

"

지금까지 우리는 대학 교육에 깊이 뿌리내린 자유 교양교
육의 전통을 살펴보았다. 하지만 교양교육이 꾸준히 성장하는 와중
에도 교육기관이 내놓는 문화적, 사회적 성과가 빈약하다는 비판은
끊임없이 등장했다. 이 장에서는 교양교육을 비판하는 이들에게 시
선을 돌려 대학 교육의 결실이 보잘 것 없다고 말하는 비판의 목소
리를 다뤄보고자 한다.

미국의 건국 초기에 독학으로 성공한 유명인을 꼽으라면 가장 먼
저 벤저민 프랭클린Benjamin Franklin, 1706~1790이 떠오른다.

끝없는 호기심을 지녔던 그는 경험과 사고의 폭을 넓히려고 부단
한 노력을 기울였다. 발명가이기도 했던 프랭클린은 자신이 실험의
시대를 사는 사람이라고 자랑스레 말하기도 했다. 또 탁월한 사교성

을 발휘해 친분을 넓혔고 평생 인간관계를 통한 자기 계발을 멈추지 않았다. 오늘날 우리가 말하는 평생교육의 전형이라 할 만하다.

새로운 대학을 꿈꾸다 : 벤저민 프랭클린

아주 어린 시절을 제외하고는 학교에 다닌 적이 없었던 프랭클린은 형 제임스가 보스턴에서 운영하던 인쇄소에서 도제로 일했다. 제임스가 자주 제작 신문인 〈뉴잉글랜드 쿠란트(New England Courant)〉를 발간하기 시작한 덕분에 프랭클린은 인쇄와 출판을 동시에 실습하는 완벽한 기회를 얻을 수 있었다. 하지만 인턴으로 사회생활을 시작하는 요즘 청년들과 마찬가지로 프랭클린은 단순한 기술을 배우는 것 이상을 원했다. 그는 형 제임스에게 신문에 글을 써보겠다는 포부를 밝혔지만 퇴짜를 맞았다. 프랭클린은 사일런스 두굿Silence Dogood이라는 가명을 써서 편지 형식의 글을 신문에 투고하기 시작했다. 그의 글은 수습사원이 쓴 것이라고는 생각지도 못할 만큼 큰 반향을 일으켰다. 더는 정체를 숨길 수 없게 된 프랭클린은 독립을 위해 열일곱 살이 되던 해 도제로 일하던 신문사에서 나와 필라델피아로 떠났다.

프랭클린이 두굿이라는 이름으로 쓴 글 가운데는 유명한 배움의 전당인 하버드대학교를 풍자하는 글도 있었다. 그는 부모가 자녀를 대학에 보낼지 결정할 때 자녀의 능력보다 자신의 주머니 사정을 먼저 고려하는 세태를 꼬집었다. 당시 배움의 문턱에서 가장 중요한 문제는 사실 돈이었다. 프랭클린은 학생들의 나태함과 대학에서 가르치는 내용의 무익함을 비꼬았다. 특히 신학을 강하게 비판했지만, 사실 그는 당시 고등교육에 속하는 학문 대부분을 쓸모없다고 여겼다. 명문 대학에 가서 정말 필요한 지식을 얻는 게 아니라 자만과 허영심만 채워서 나온다는 비판은 당시부터 지금까지 계속 이어지고 있다.

"자식이 어리석고 멍청하다는 사실에는 눈을 감은 채 그저 돈이 있으니까 대학에 보내겠다는 부모는 정말이지 어리석기 짝이 없다. 변변한 재능도 없이 대학에 간 학생들은 고작해야 몸가짐을 가다듬고 우아한 품행을 유지하는 법 따위나 배울 뿐이다(이런 것들은 댄스 학교에서도 얼마든지 배울 수 있는데 말이다). 엄청난 비용과 노력을 쏟아부었으나 자만과 허영심만 강해진 이들은 전보다 더한 멍청이가 되어 사회에 나온다." [1]

하지만 프랭클린은 결코 반지성주의자는 아니었다. 프랭클린은 토론을 좋아했다. 그는 자서전에서 자신이 직접 꾸린 토론 모임에 관해 이야기하기도 했다.

"지난해(1727년) 가을 나는 주변의 똑똑한 지인들을 죄다 끌어들여 서로의 발전에 도움을 주기 위한 모임을 만들었다. 우리는 모임에 전토(Junto, 비밀결사)라는 이름을 붙이고 금요일마다 모였다. 모든 회원은 자기 차례가 되면 도덕이나 정치, 자연철학 등 분야를 막론하고 모임에서 토론할 만한 주제를 하나 이상 내놓아야 했다. 또 석 달에 한 번은 자기가 원하는 주제로 에세이를 써서 발표하게 되어 있었다. 토론은 갈등을 일으키고 승패를 가르기 위한 것이 아니라 순수하게 진실을 찾기 위한 것이었다." 2)

전토는 형태를 바꿔가며 40년 넘게 유지되었다. 1743년에는 프랭클린의 주도 아래 전토를 모태로 미국 철학회가 탄생했다. '미국에 유용한 지식을 전파하는 것'을 사명으로 삼은 이 협회는 오늘날까지 이어지고 있다.

제도권 밖에서의 교육에는 이토록 많은 노력을 기울였던 프랭클린이 하버드의 교육을 강하게 비판한 이유는 무엇일까? 프랭클린은 첫 번째 이유로 하버드의 넘치는 부와 강한 위계질서를 꼽았다. 그것이 실험 정신을 억눌러 배움을 방해한다는 것이다. 그렇다고 프랭클린이 돈 자체를 나쁘게 여긴 것은 아니었다. 그는 자본가에게 매우 호의적이었고, 정치와 시장경제 사이에 서로 닮은 구석이 많다고 생각했다. 하지만 부의 대물림이 특권으로 이어지는 것은 옳지 않다고 여겼다. 대학이 이런 특권을 유지하기 위해 큰 뜻을 품은 청년들의 앞길을 막아서는 안 된다는 것이다. 한편 대학의 경직된 위계질서도 문제였다. 프랭클린은 성실함이나 기술보다 연공서열이 앞서는 가부장적 도제제도를 몹시 싫어했다. 대학의 상하 구조도 이와 다를 바가 없었다. 교수들은 자신의 지식에 비해 지나치게 높은 권위를 고집했다.

반면 소셜 네트워크였던 전토는 동지애를 바탕으로 이루어졌고, 평등을 기본 가치로 삼았다. 도제는 스승을 자신이 세상에 나가지 못하도록 막는 존재로 여기는 반면 평등한 관계로 엮인 이들은 서로 격려하며 성장했다. 서로가 서로에게 배우는 전토의 방식은 특권이나 부가 아니라 노력이 자신의 운명을 좌우한다는 점을 일깨웠다. 프랭클린은 삶에서 각자 맡은 역할이 이미 정해져 있다는 편견을 강화하는 대학보다는 이런 상호 교육이 훨씬 바람직하다고 생각했다.

전토를 설립하고 회원제 대출 도서관을 개발해 성공을 거둔 후 프랭클린은 새로운 학교를 세우기로 마음먹는다. 그곳은 정부나 교회로부터 자유로운, '미국적 특색을 살린 학교'였다. 계몽주의자로서 로크의 영향을 받았지만, 프랭클린은 평등을 더욱 강조하고 상대적으로 전통적 고전과 종교의 비중을 낮춘 교육을 생각하고 있었다. 그는 교육을 통해 중산층이 정치와 상업에서 성공하기 위한 능력을 키우는 것이 중요하다고 생각했다. 이는 당시 기득권층이 독점하던 사회적, 정치적 권력에 대한 도전이었다.

프랭클린은 자신들이 누리는 기득권에 도취돼 고고한 척하는 대학은 상대할 가치가 없다고 생각했다. 아는 것이 힘이며, 모른다고 부끄러워할 것도 전혀 없었다. 사람들에게 필요한 것은 "방에 우아하게 들어서는 법" 따위를 가르치는 대학이 아니었다. 그는 실용적인 면에 초점을 맞추었다. 프랭클린은 가족과 친구, 조국과 인류에 봉사하고자 하는 성향과 그럴 능력을 키우는 것이 진정한 교육의 목적이라고 믿었다.

프랭클린이 세운 학교는 당시 영국의 식민지였던 미국에서 정부에도 교회에도 속하지 않은 최초의 대학이었다. 이 학교는 역사, 특히 역사를 움직인 인물들을 중점적으로 가르쳤다. 하지만 배움의 바탕이 되는 교육에는 큰 비중을 두지 않았다. 물론 라틴어나 그리스어를 '간절히' 배우고 싶어 하는 학생을 위한 강의도 있기는 했지만, 고전은 필수 과목이 아니었다. 작문과 수사학, 산수과 회계는 "사회에 나갔을 때 이를 필요로 하는 직업이 꽤 많다"는 점을 감안해 교육과정에 포함되었다. 산업의 역사, 특히 제조업(더불어 방위산업)과 관련된 분야는 어디에서나 유용하게 여겨졌다. 신체적 발달도 빠져서는 안 되었다. 건강하고, 튼튼하고, 활동적인 신체를 만들려면 학생들은 달리기와 도약, 레슬링, 수영 등의 스포츠를 꾸준히 해야 했다. 1751년 아카데미 겸 자선 학교라는 이름으로 문을 연 이 학교는 1779년 펜실베이니아주립대학교가 되었다. 이후 다시 펜실베이니아대학교로 이름을 바꿨고 150년이 지난 지금까지 그 명성을 유지하고 있다.

보다 현실적인 교육을 위하여

프랭클린은 당시의 정규 교육과정을 날카롭게 비판하는 한편, 평생학습을 강하게 지지했다. 그는 대학이 '현실 세계', 즉 산업과 혁신의 세계에서 점점 멀어지고 이런 대학을 나온 엘리트 집단이 진보를 가로막는 것을 우려했다. 프랭클린이 언급한 두 가지, 즉 학계의 현실성 부족과 엘리트주의는 지금도 자유 교양교육에 대한 비판에서 핵심을 이루는 요소이다.

교수들의 가르침이 현실과 동떨어져 있다는 점은 하버드가 세워진 1636년 이래 사람들이 대학을 비판할 때마다 나오는 단골 얘기다. 대학에 들어감으로써 학생들이 사회를 직접 경험하며 배울 기회를 잃는다는 주장도 있다. 또 대학은 무책임하고 무례하며 쾌락에 빠지기 쉬운 미성숙한 시기를 연장하는 것일 뿐이라는 비판도 있었다. 또 대학 학위는 부모가 자녀에게 선물하는 부의 증거가 아니냐고 지적하는 사람들도 많았다.

재력이 있거나 출세를 중요하게 생각하던 부모들은 자식이 대학을 나오면 곧바로 사회에 진출할 수 있기를 바랐다. 하지만 대학 교육이 기술적·경제적으로 빠르게 변화하는 세상에 적응하는 데 도움이 되는지는 의견이 분분했다. 당시 사회도 오늘날처럼 운송과 교통, 통신과 공업이 빠르게 진화하고 있었다.

대학의 역할에 대한 비판에도 불구하고 1800~1850년에 걸쳐 대학 숫자는 눈에 띄게 늘어났다. 19세기를 거치며 미국은 '대학의 나라'로 바뀌었다. 교육역사학자 데이비드 포츠David Potts에 따르면 1800에서 1830년 사이 십 년에 열 개씩 대학이 생겨났다고 한다. 1850년대에는 무려 60개 대학이 설립되었다. 새로 생기는 대학은 대부분 모교에 불만을 품은 졸업생이나 대학 교수가 세운 것들이었다. 이 학교들은 교육과정에 몇 가지 새로운 방식을 도입했고, 고전에 기반을 둔 전통적 교양교육은 심각한 위기에 처했다. 모든 학생들이 같은 과목을 배우며 지식의 통합을 강조하던 전통적인 대학의 교육 방식은 점점 와해되고 있었다.

1820년대 들어 일부 미국 대학에서 개혁이 일어나기 시작했다. 개혁은 주로 현대적 연구 분야를 늘리고 그리스어와 라틴어 암기 학습에 들어가는 시간을 줄이는 것이었다. 일례로 윌리엄스칼리지 졸업생들이 1821년 매사추세츠 서부에 세운 애머스트칼리지는 고전 과목을 과감하게 빼버린 학사 교육과정을 내놓았다. 애머스트의 학생 수는 빠르게 늘었다. 이런 바람을 타고 전통을 중시하는 하버드에도 개혁의 바람은 불어왔다. 하버드 최초의 명예 인문학 교수였던 조지 티크너George Ticknor는 유럽 대학을 살펴보고 돌아와 침체된 미국 교육계를 현대화하는 데 앞장서기로 마음먹었다. 그는 대학이 제대로 된 기능을 수행하려면 학과 체계와 교수법을 완전히 바꿔야 한다고 강력히 주장했다.

티크너는 하버드를 현대화할 다양한 방법을 제안했다. 그는 고전 과목 외에도 현대적인 학과 수업을 개선해야 한다고 생각했다. 또 나태함이 허가된 시간일 뿐인 기나긴 방학을 줄여야 한다고 주장했다. 그는 대학의 운영 방식에도 상당한 변화가 필요하다고 조언했다. 교육적 관점에서는 대학 당국이 아닌 각 학과가 강의를 관리해야 한다는 것이다. 무엇보다 티크너는 교수들이 자기 학생의 학습(대개 암기) 진도를 확인하는 데 그치지 않고 실제로 학생을 가르치기를 바랐다. 그는 "미국 대학 중에 철저한 '가르침'을 위한 곳은 하나도 없다. 스승의 지성이 학생에게 직접 가닿아야 하는데, 그나마 낫다는 대학도 이상적인 강의 수준에는 절반도 미치지 못한다" [3]며, 일류 대학이 그동안의 교육 방식을 비판적으로 되돌아보지 않는다면 "다가올 변화에 앞장서기는커녕 개혁의 첫 번째 희생양이 되고 말 것" [4]이라고 경고했다.

하지만 이런 주장에 대한 아카데미 내부의 반발도 거셌다. 1828년 〈예일 보고서(Yale Reports)〉에서 교수진은 유서 깊은 대학들이 중세 시대와 다를 바 없는 고루한 방식으로 학생들을 가르친다는 비난에 맹렬히 반박했다. [5] 그들은 대학이 매년 변하고 있다고 주장했다. 학교를 떠난 지 몇 년밖에 되지 않은 졸업생도 학교에 돌아오면 대개 몰라보게 바뀐 커리큘럼에 놀라움을 표했고, 교수들도 가만히 제자리를 지키는 것은 아니었다. 그들은 자기 연구를 계속하는 한편 강의 내용을 다듬고 실력을 키워갔다.

대학이 산업화에 도움이 되지 않는다는 비난에 이들은 대학 교육이 전문 직업교육을 위한 토대를 만들어준다고 반박했다. "우리의 목적은 어떤 한 가지 직업에 필요한 특정 기술을 가르치는 것이 아니라 모든 직업의 바탕이 되는 토대를 만드는 것"[6]이라며 폭넓은 교육의 중요성을 역설했다. 이 토대가 없다면 전문 기술을 배운다 해도 효율성이 떨어지며, 삶 자체도 균형을 잃고 만다는 것이다. 또한 자유로운 대학 교육은 정신을 수양하는 법과 인성을 가르친다. 산업 현장에서 써먹을 지식보다 더욱 중요한 것은 지적 수양이다. 자유 교양교육은 평생학습의 기초가 될 사고 습관을 들여준다. 예일 보고서는 "배우는 자는 스스로 노력해 자신을 만들어가야 한다"[7]고 강조했다. 요즘 자주 쓰는 표현으로 하자면, 학생은 배우는 법을 배워야(learning to learn) 한다.

한편 예일대학교 교수진은 이러한 정신 수양을 위해서는 반드시 고전을 공부해야 한다고 역설했다. 그들은 대학이 여러 해에 걸쳐 변해 왔고, 또 앞으로도 변화를 마다하지 않을 것이지만 인류의 문화유산이자 정신 수양의 핵심인 고전의 중요성을 부정하는 변화는 용납하지 않았다. 그들이 생각하는 교양교육은 훗날 '비판적 사고'라 불리는 개념으로 나아가고 있었다. 이는 어떤 탐구나 직업에도 대응할 수 있는 것이었다. 다만 교양교육이 반드시 그리스와 라틴 고전에 기반을 두어야 한다고 고집한 것은 보고서의 한계로 지적할 만하다. 교양 있는 정신에는 마음가짐을 단련하는 것이 필요하다. 교수들이 생각하기에 고전이 주는 교훈 없이 마음을 단련하기란 불가능했다.

이런 흐름 속에서 교양교육은 점차 전공과목을 더욱 심도 있게 연구하기 위한 준비 과정으로 자리를 옮겨갔다. 19세기에는 공학이나 의학, 법이나 경제 등 학생이 어떤 진로를 택하든 학부 시절 폭넓은 교양교육을 거쳐 기초를 쌓은 뒤 전문화된 교육을 받는다는 개념이 확립되었다. 단과대학은 교양 중심의 교육과정을 바탕으로 전문 지식을 배울 수 있는 곳으로 종합대학의 구성 요소가 되었다. 이런 단과대학이 모인 종합대학은 학생들에게 지식을 전파하는 것보다는 연구를 통해 지식을 생산하는 데 중점을 두게 되었다.

교수와 학생이 함께 연구해 지식을 창조한다는 이상적인 대학 개념은 독일에서 들어온 것이었다. 독일 지식인들은 프러시아의 언어학자이자 외교관이었던 빌헬름 폰 훔볼트Wilhelm von Humboldt가 대학의 기본 목적과 조직에 대해 했던 말을 금과옥조로 여겼다. 훔볼트가 쓴 《베를린 고등교육기관의 내·외부 조직에 관하여(On the Inner and Outer Organization of Berlin's Institutions of Higher Knowledge)》는 대학을 현대화하려는 이들 사이에서 성서처럼 여겨졌다. 훔볼트는 "대학은 과학이라는 순수한 개념에 입각해서 움직일 때…… 그 존재 가치를 온전히 실현할 수 있다"고 썼다. 과학적 지식을 추구한다는 것은 끊임없이 체계적 연구와 그에 대한 출판·토론을 이어간다는 것을 의미했다. 종교, 생물학, 역사를 비롯한 여러 분야에 걸친 이런 과학적 지식 추구야말로 대학과 중등교육기관을 구분해 주는 기준이었다.

> "고등교육기관에서는 언제나 연구가 진행된다. 그러므로 이곳에서 교육자와 학생의 관계는 각별할 수밖에 없다. 교육자는 단지 학생만을 위해 존재하는 것이 아니다. 대학에서는 학생과 교육자가 새로운 지식을 찾기 위해 힘을 합쳐야 한다."[8]

또 이런 지식 추구는 자유롭게 이뤄져야 했다. 여기서 자유는 검열로부터의 자유뿐 아니라 학자가 필요로 하는 연구를 스스로 조직할 자유를 아우른다. 새로운 연구는 항상 현재 통용되는 지식에 의해 뒷전으로 밀려날 수밖에 없다. 이 때문에 그렇지 못한 학문 분야에선 채 열매를 맺기도 전에 열매가 열릴 나무 자체가 시들어버릴 가능성이 높다. 그래서 대학은 지식의 나무, 다시 말해 과학이 스스로 뿌리내리고 자랄 수 있도록 더욱 노력해야 한다. 훔볼트는 "가장 중요한 것은 과학이 우리가 끊임없이 추구해야 할 중요한 가치라는 원칙을 지키는 것"이라고 강조했다.

대학, 변화의 중심에 서다

미국의 연구 중심 대학들은 자유와 협동 안에서 끊임없이 탐구한다는 훔볼트의 원칙 위에 세워졌다. 하지만 그 이상을 달성하기에는 걸림돌이 많았다. 그 중심에는 하버드에서 40년간 총장을 지낸 찰스 엘리엇Charles William Eliot, 1834~1926이 있었다.

엘리엇이 하버드의 총장이 된 것은 꽤 의외였다. 엘리엇은 하버드에서 학위를 받고 조교수가 되었지만, 원하던 화학과 정교수 자리를 얻지는 못했다. 유럽으로 떠나 그곳의 교육제도를 연구한 엘리엇은 미국으로 돌아와 당시에는 역사가 짧았던 매사추세츠 공과대학 교수가 되었다.

1869년 〈애틀랜틱 먼슬리〉라는 잡지에 실린 '새로운 교육(The New Education)'이라는 글에서 그는 하버드를 비롯한 미국 대학을 향해 중대한 질문을 던졌다. 엘리엇은 아버지의 눈으로, 아들이 빠르게 변하는 세상에 대처할 수 있도록 도와줄 교육이 무엇인지 물었다.

"내 아들에게 나는 무엇을 해주어야 할까? 물론 나는 기꺼이 최고의 교육을 받게 해줄 수 있고, 그래서 아들이 성직자나 학자가 되어준다면 무척 자랑스러울 것이다. 하지만 아들은 그런 쪽에 소질이 없어 보인다. 나는 아들이 사회에 나가서 써먹을 수 있는 지식들을 배웠으면 한다. 그가 어떤 길을 걷든, 과거의 나보다는 더 나은 교육을 받아 제대로 된 준비를 할 수 있었으면 좋겠다. (…) 나는 50년 혹은 100년 전의 교육 방식이 지금 아들에게도 똑같이 통하리라고는 생각지 않는다. 새로운 인재상은 내가 학교를 다녔던 50년 전의 세상에는 존재하지 않았기 때문이다." [9]

엘리엇은 교수들이 대학을 변화시키리라 기대하지 말라고 충고했다. 교육자로 살아가는 이들은 오히려 교육에 관해서는 부적합한 인물이 된다. 변화는 지식이 창조되는 분야, 즉 과학에서 나온다. 과학이야말로 전통적 틀에 얽매인 대학에서 변화를 이끌어낼 열쇠다. 엘리엇은 교육과정에 점점 더 많은 과목을 포함시킴으로써 이 틀을 흔들 수 있다고 생각했다. 그는 "진정한 대학이라면 인간이 연구하는 주제는 무엇이든 교육과정에 포함시켜야 한다"고 주장했다. 엘리엇은 어떤 연구 분야든 가르칠 가치가 있다고 생각했다. 그는 다양성을 확대하고 더 많은 과목을 가르치면 결국 좋은 과목이 나쁜 과목을 몰아내리라 믿었다.

이 글을 발표하고 1년도 되지 않아 엘리엇은 하버드 총장 자리에 앉게 됐다. 그가 총장이 되고 첫 10년간은 대학이 한창 개혁을 시작한 시기였다. 서서히 독일식 연구 중심 대학을 지지하는 사람이 늘어났고, 이들은 독일 방식을 교양 중심의 전통 대학에도 접목하려고 노력했다.

연구 중심 대학인 존스홉킨스의 초대 총장 대니얼 길먼Daniel Gilman은 취임식에서 훔볼트의 교육관에 입각한 연설을 했다. "우리가 대학을 지키고 싶다면 교수와 학생 모두에게 충분한 자유가 주어져야 합니다. (…) 이는 한편으로 교수들에게 가르칠 방법을 선택할 자유를, 다른 한편으로 학생들에게 원하는 교육과정을 선택할 자유를 주어야 한다는 뜻입니다." 그는 연구 중심 대학의 자유로운 분위기를 강조했다.

한편 길먼은 〈예일 보고서〉에도 일리가 있다고 생각했다. 미국에서 대학의 자유가 가능하게 된 것은 학생과 교수가 전문지식을 연구하기 전에 충분한 교양을 쌓은 덕분이라고 인정했다. 미국 대학에서는 '학자-교육자 모델(Scholar-Teacher Model)'이라고 불리는 인물상을 강조한다. 학자는 남을 가르침으로써 더욱 효율적으로 자신의 연구에 집중할 수 있게 되고, 교육자는 왕성한 연구를 통해 지식을 창조할 때 강의의 설득력을 더욱 높일 수 있다는 뜻이다. 그는 "최고의 학자는 폭넓은 문화의 토대 위에서 전문적 성과를 내는 사람일 가능성이 매우 높다"고 말했다.

이런 교양교육의 전통이 있었기에 길먼은 독일 대학을 그대로 따라하다가는 대학이 도덕적 기반을 잃어버릴지도 모른다는 사실을 잘 알고 있었다. 전문 지식 자체는 좋지만, 전문성에만 몰두하다 보면 전공 분야를 벗어났을 때 어떻게 대처해야 할지 모르는 편협한 인간을 양산할 가능성도 있다. 존스홉킨스의 문을 열 때에도 길먼은 미국 대학의 뿌리가 교양교육에 있음을 강조했다. 전통적 칼리지와 현대의 대학은 하나로 이어져 있으며, 그 연결 고리가 바로 교양교육이라는 것이다.

"대학의 목표는 인성을 갈고닦아 인간을 길러내는 것이다. 아는 것만 많은 현자나 단순한 장인, 교활한 궤변론자나 잘난 체하는 전문가만 키워냈다면 대학은 제 역할을 수행하지 못한 것이다. 대학은 지식을 전하기보다 학생들의 흥미를 자극하고 배움의 방법을 제시하며, 힘과 판단력을 길러주고 지성과 도덕성을 북돋아주어야 한다. 대학은 학생들이 어떤 학과에서 무엇을 탐구하든 현명하고 사려 깊으며 진보적인 지도자가 되어 사회에 이바지하도록 이끌어야 한다."

홈볼트는 탐구에 끝이란 없다고 강조한 바 있다. 미국 대학은 이런 탐구 정신을 본받아 전공에 상관없이 학생과 교수가 지식 추구를 중요한 가치로 삼는 문화를 창조하고자 했다. 이런 문화에서는 특정한 실험이나 학문적 기술을 익히는 것이 중요한 게 아니었다. 대학 교육에서 가장 중요한 것은 넓고 풍부한 지식을 갖춘 인재, 다시 말해 지식 탐구를 통해 자기 분야뿐 아니라 사회에 이바지하는 "현명하고 사려 깊으며 진보적인 지도자"를 키우는 것이었다.

남북전쟁 이후에 생긴 연구 중심 대학들은 기존 칼리지를 대체하는 것을 목표로 삼지 않았다. 대신 학부생들이 받던 교육과정에 한 단계를 더 추가하고자 했다. 하버드 총장 엘리엇은 새로 만든 대학원과 전문교육 과정에 지원할 때 학사 학위를 필수 조건으로 달았다. 이 조건은 현재 미국 대학 전체의 표준이 되었다. 더불어 19세기 말 대학 지도자들은 '지식의 통합'을 종종 언급했다. 그것은 윤리학과 미학, 지식을 하나로 잇는 것이었다. 현대 대학들은 배움의 목적은 윤리 의식과 함께해야 한다는 원칙만큼은 지키고자 노력했다.

하지만 그런 통합을 위해서는 무엇이 필요했을까? 자유로운 탐구를 보장하기 위해 대학은 먼저 정부와 종교의 간섭에서 벗어나야 했다. 당시에는 수많은 대학이 종교 기관과 어떤 방식으로든 관계를 맺고 있었다. 종교가 학교의 교육관과 인성 교육에 영향을 미친다는 주장도 많았다. 대학들 사이에서는 이런 특정 종파와의 관계를 청산하려는 움직임이 일기 시작했다. 개인 기부금으로 설립된 학교들은 정부의 간섭으로부터 자유로울 수 있었다. 또 과학에 대한 투자를 국가적 과제라고 생각했던 정부는 대학의 연구에 자유를 보장해 주었다.

당시 프린스턴대학의 총장이었던 제임스 맥코시James McCosh는 종교는 너무도 중요한 것이고, 그러므로 선택 사항이 될 수도 없다고 반발했다. 맥코시는 교육기관에 배움의 틀을 잡기 위해 종교 교리가 반드시 필요하다고 생각했다. 하지만 엘리엇은 특정 종파의 교리를 무조건 따르는 것은 자유로운 탐구에 방해가 된다는 설득력 있는 반박으로 맞섰다. 종교는 더 이상 성역이 아니었고, 다른 분야와 마찬가지로 연구의 대상이 되었다. 종교는 이제 탐구하는 이들의 마음을 하나로 모으는 힘을 행사할 수 없게 되었다.

1860년대 말 기업가 에즈라 코넬Ezra Cornell은 코넬대학교를 설립하며 '누구든지 와서 무엇이든 배울 수 있는 학교'를 만들겠다고 선언했다. 당시 사회는 모든 지식을 아우르는 하나의 원칙을 찾는 것보다 지식을 확장하고 널리 알리는 것을 더 중요하게 생각했다. 19

세기 후반 연구 중심 대학을 세운 이들은 열정적 탐구 자체가 학자 공동체를 하나로 묶어주리라 확신했다. 학자들이 진실을 추구하는 사명을 갖는 한 특정 분야 하나가 다른 분야를 인도할 필요는 없었다. 적어도 그들은 그렇게 되기를 바랐다.

사실 교수진과 학생들은 학교의 몸집이 점점 커지면서 다른 분야와의 협업이 점점 어려워진다고 느끼고 있었다. 심지어 같은 대학에 있는 연구소나 단과대학끼리도 사정은 다르지 않았다. 고도로 전문화된 연구 중심 대학에서 다양한 분야가 서로 조화를 이룬다는 것은 규모와 방법, 내용 면에서 현실적으로 매우 어려운 일이었다. 대학의 규모는 엄청난 속도로 커지고 있었다. 학생과 교수의 수가 늘어나면서 시를 공부하는 학생이 화학 전공인 학생과 협업해 무언가를 얻어낼 가능성은 점점 희박해졌다.

20세기 초에 들어서면서는 연구 방법도 전공 간에 공통점이 거의 없을 정도로 분화되었다. 게다가 각 분야가 이성적, 객관적 연구를 위한 표준화된 방법론을 세우려 하면서 문제는 더욱 심각해졌다. 어떤 분야에서 통용되는 방법론이 다른 분야에서 표준으로 인정받기는 어려웠기 때문이다. 마지막으로 대학원생들이 점점 전문화된 분야에서 독자적으로 연구를 진행하다 보니 그 분야를 잘 아는 학자들만이 그 연구의 가치를 알아볼 수 있게 되었다. 같은 대학 공동체의 일원조차 캠퍼스 반대편에서 무슨 일이 일어나는지 전혀 모른다면 폭넓은 교양교육의 의의는 대체 무엇일까?

엘리엇이 총장으로 있을 때 하버드 교수가 된 윌리엄 제임스는 전문화의 위험을 지적했다. 제임스는 이런 연구 중심 대학의 탐구 방식이 "학생을 과학 발전의 도구로 전락시킨다"고 비꼬았다. 또 학생들이 "어떤 분야의 커다란 연구 성과에 자그마한 지식 한 조각을 더하는 것"에 매달려야 하는 독일의 교육제도를 굳이 모방할 가치가 있느냐는 질문을 던졌다. [10] 보편적인 지식을 추구하고 균형 잡힌 시민을 길러내는 것보다 연구를 통해 지식의 파편을 얻는 일이 과연 더 중요할까? 미국 고등교육기관이 현대화의 길을 걷는 것은 확실하지만, 이것이 과연 진보라고 할 수 있을까? 전문화에 밀려 교양교육은 가장 '수준 높은' 대학에서 설 자리를 잃고 마는 것일까?

커지는 대학, 늘어나는 교수들

결국 대학은 다양하고 폭넓은 학부 과정 위에 심도 있는 연구를 위한 전문 과정을 접목한 학제를 표준으로 삼았다. 하지만 이외에도 계속해서 다양한 교육기관의 실험이 이어졌고, 이런 시도는 현재까지도 영향을 미치고 있다. 명문 대학들은 대부분 종교의 영향력에서 벗어났지만, 다른 지역에서는 특정 교파에 속한 대학이 생겨나기도 했다. 종교를 기반으로 한 교육기관들은 자기식대로 교양교육에 해당하는 교육과정을 발전시켰다.

더불어 농업과 기계공학에 관련된 과목을 가르치기 위해 만들어진 모릴 법(Morrill Act) 덕분에 미국 전역에 재정이 넉넉한 대학이 다수 설립되었다. 정부에서 무상으로 부지를 받아 설립된 이 대학들은 실용적 교육을 내세웠지만, 과학과 고전 과목을 배제하지는 않았다. 미국에서 교양교육은 농업이나 기계공학 등의 실용 교육과 완전히 분리되지 않았다. 대학들은 교양교육이 직업과 관계없이 누구에게나 도움이 된다고 여겼고, 이런 경향은 최근까지 유지되었다.

19세기 후반은 여성을 대상으로 한 고등교육도 급격히 성장한 시기였다. 19세기 초만 해도 여성이 전문학교나 사범학교, 칼리지 등에서 교육받을 기회는 그리 많지 않았다. 당시 여성들은 계몽주의의 영향으로 교육이 자립을 가능케 한다고 배웠지만 대부분은 결혼이 목표였기에 자립의 개념은 희석되고 말았다. 그 때문인지 교육받은 여성은 결혼 문제에 있어서 그렇지 않은 이들과 견해차를 보이는 일이 많았다. 전문학교 졸업생들은 결혼을 늦게 하는 경향이 있었고, 결혼하지 않는 비율도 평균보다 높았다.

남북전쟁이 끝난 뒤에는 미국 전체에 여자 교양 대학이 세워지기 시작했다. 이들 대학은 교육 기회의 불평등에 대한 사회적 관심을 불러일으켰고, 남학생들이 다니는 교육기관과 동일한 수준의 교양 교육을 여학생들에게 제공하는 것을 목표로 삼았다. 여자 대학교의 설립 목적에 대한 스미스칼리지 총장의 말은 우리에게 익숙한 교양 교육의 전통을 떠올리게 한다.

"여자 대학교는 여성을 특정 직업군에 맞게 키워내는 곳이 아닙니다. 세심하게 짜인 교육과정으로 학생들의 지적 능력을 끌어내 어떤 길을 걷더라도 더욱 훌륭한 여성이 되도록 돕는 것이 우리의 목표입니다."[11]

여성이 투표권을 얻기 수십 년 전부터 이미 특정 직업군에 얽매일 필요가 없음을 선언하며 교양교육에 집중한 여자 대학교는 당시 대학 사회의 역동적이고 진보적인 힘이 되었다. 전체 대학생 가운데 여학생이 차지하는 비율은 1870년 20%에서 1920년 47%까지 치솟았고, 이후로도 그 비율은 계속해서 높아졌다.

이 기간은 교양교육과 새로 떠오르는 연구 중심 대학과의 관계가 재정립된 시기이기도 하다. 여자 대학교는 이 과정에서도 상당한 역할을 했다. 초기 여자 대학은 고전 과목에 보다 집중하는 경향을 보였다. 막 시작한 만큼 새로운 교육과정을 도입하기가 쉽지 않았던 탓이다. 이런 경향 때문에 전통적 과목에는 대체로 여학생이 더 많이 몰렸다. 당시 고전을 가르치던 교수들은 자기 분야가 여성화되고 있다고 불평하기도 했다. 그리스 고전을 가르치는 교수는 (학창시절 여성은 그리스어를 익힐 수 없다고 배웠겠지만) 이제 여학생으로 가득한 강의실에서 강의를 해야 했다.

남학생과 여학생에게 교양교육이 지니는 의미는 각각 달랐다. 남성에게 교양교육은 전문직으로 가는 첫걸음이었다. 하지만 여성에게는 아직 전문직이 허락되지 않았기에 교양교육은 배움 자체를 위한 배움이었다. 게다가 교수들은 교육과정이 남학생을 위해서만 존재하는 것처럼 행동할 때가 많았다. 그때까지만 해도 여성은 여전히 대학과 어울리지 않는 존재였다.

교양교육을 열렬히 신봉하는 이들은 항상 배움을 위한 배움이라는 말을 강조했다. 그 말이 맞다면 남학생과 여학생은 거의 똑같은 것을 배워야 마땅했다. 하지만 남자는 전문직으로 일하기 위해 교육받고 여자는 교육을 받더라도 집에서 자리를 지켜야 한다면 이 두 가지를 모두 교양교육이라 부를 수 있을까?

마사 캐리 토머스Martha Carey Thomas는 20세기로의 전환기에 여성교육에 커다란 영향을 미친 인물이다. 브린모어칼리지의 2대 총장이었던 토머스는 고전에 중점을 둔 교육과정을 강력히 지지했다. 토머스는 코넬대학교에서 학부 과정을 마치고 존스홉킨스와 라이프치히대학교에서 대학원 과정을 밟은 뒤 취리히대학교에서 언어학 박사학위를 받았다. 당시 종합대학의 교육과정은 이미 변하고 있었지만, 토머스는 여자 대학교가 최고 수준의 전통적 교육을 유지해야 한다고 생각했다.

다른 여러 학교의 여학생 학부 과정에는 가정 경제학이 포함되어 있었다. 하지만 그녀는 더욱 전통적인 교육과정이야말로 여성이 (뿐만 아니라 남성도) 수준 높은 전문직을 수행하는 데 도움을 주리라고 강력히 주장했다. 토머스는 대학을 나온 여성이 대체로 남성과 다른 길을 걷게 된다는 점을 인정하면서도, 바로 그런 이유에서 남녀가 공통된 교육을 받는 것이 더욱 중요하다고 생각했다.

"여성과 남성은 대학에서 같은 것을 배워야 한다. 최고의 교육은 하나일 뿐만 아니라, 여성과 남성은 동료이자 소중한 친구, 연인이자 부부로 함께 일하며 살아가야 하기 때문이다. 대학 교육에서 여성과 남성이 같은 지적 훈련을 받고 같은 학문적, 도덕적 이상을 품는다면 일의 효율성이 크게 향상될 뿐 아니라 그들의 행복과 다음 세대의 안녕도 도모할 수 있을 것이다." [12]

국가가 발전하고 다양성이 더욱 확대되면서 '공통'에 속하는 내용도 많은 변화를 겪었다. 하지만 교양교육이 보편적인 '공통'의 배움이어야 한다는 이 개념은 20세기 내내 교육계에 막대한 영향을 미쳤다.

이후 대학의 규모와 학문 영역은 크게 성장했다. 이에 따라 대학 입학을 원하는 학생 수도 폭발적으로 증가했다. 1910년 고등학교 졸업장을 받는 학생 비율은 9%에 불과했지만, 1940년에는 이 수치가 50%로 높아졌다. 이들은 사회에 발을 내딛기 위한 발판으로 대학을 생각하는 경향이 짙어졌다. 대학에 진학하는 학생 대다수는 농업이나 경영, 공학 등 직업에 직접 관련된 교육을 택했다. 물론 전문 연구원이나 교수가 되기를 꿈꾸는 사람이 갑자기 늘어난 것은 아니다. 하지만 대학을 '경험'함으로써 새로운 환경에 적응하고 사회에서 뒤처지지 않기 위해 필요한 지식을 얻을 수 있다고 여기는 사람은 확실히 점점 늘어났다.

대학과 관련한 이런 변화는 두 가지 상반된 반응을 낳았다. 주요 도시들은 새로 유입된 시민들을 교육하기 위해 칼리지나 종합대학을 설립했다. 이들은 주로 중등교육을 마친 뒤에도 학업을 계속하기를 원하는 이민자나 이민 2세들이었다. 반면 이미 확고히 자리 잡은 대학들은 학구열에 불타는 이민자들에게 위협을 느꼈다. 대중을 위한 대학은 전문대학이나 시립대학이면 된다고 생각한 사립 명문대학들은 입학을 어렵게 함으로써 다른 학교와 차별성을 두기 시작했다. 입학을 거절당한 학생이 많을수록 학교의 명성도 높아지는 셈이었다.

입학 전형은 '사회적 균질성'과 '적절한 교육 환경'을 유지한다는 명분하에 특정 조건을 내세우고 지원자를 걸러내는 과정이 되었다. 여기에는 대학 측이 유대인이나 다른 소수 이민족의 유입으로 학교가 '오염'되는 것을 원치 않는다는 속내가 숨어 있었다.

한편 교수의 수가 늘어나면서 학자들도 다양한 분야에서 차별화를 시도했다. 이 무렵 현대언어학회(Modern Language Association), 미국역사학회(American Historical Association)를 비롯해 다양한 학회들이 자리를 잡기 시작했다. 여기서는 어떤 연구가 관련 분야에서 국가적 주목을 받는지가 학자를 평가하는 기준이 됐다. 따라서 연구 결과를 논문으로 출판해야만 가까이에 있는 동료뿐 아니라 '분야 전체'의 평가를 받을 수 있었다. 1915년에는 학자가 아닌 이들의 간섭으로부터 벗어나 '학문적 자유'를 지킨다는 명목으로 미국대학교수협회(American Association of University Professors)가 설립되었다. 그 사이 대학에서는 교수가 지식을 창조한다는 개념이 확고히 뿌리내리고 있었다.

그러나 지식의 창조가 꼭 자유로운 배움으로 이어지지는 않았다. 사실 고도로 전문화된 대학에서 한 분야의 지적 성취가 다른 분야에서까지 인정받기는 쉽지 않았다. 오히려 무의미하거나 난해한 것으로 취급받기도 했다. 교수들에게 직업적 성취란 폭넓은 지식이 아니라 전문성을 뜻했고, 대학들은 전문 교수진의 명성을 내세워 서로 경쟁했다. 상황이 이렇다보니 교육역사학자 로버트 가이거Robert Geiger의 지적대로 프린스턴에서는 유대인 학생보다 유대인 물리학 교수를 찾는 편이 더 쉬울 지경이었다.

교수진에게는 결과를 고려하지 않고 자유롭게 지식을 추구한다는 면에서 전문성이 중요했다. 이는 정부와 종교, 경제적 이해관계에 방해받지 않고 연구할 자유를 의미했다. 하지만 교수가 연구에만 몰두한다는 것은 학생들의 지적, 사회적 요구를 채워주는 일에 별 관심이 없다는 뜻이기도 했다. 전문성이 커질수록 '이상적인 학부 교육' 참여하는 교수들의 능력(또는 의지)은 감소하는 경향을 보였다.

이에 대응해 학교 당국은 교수가 학부생의 학습 진로 지도를 맡는 공식적인 상담 프로그램을 개발했다(교수 가운데 지원자를 받는 학교도 많았다). 그러나 오랫동안 전공 분야만 연구하던 교수는 학부생에게 필요한 조언을 하는 데 관심이 없거나 그럴 만한 능력이 없었다. 그럼에도 불구하도 대학들은 저명한 학자를 교수로 초빙하기 위해 교수당 지도 학생 수를 줄여주겠다는 조건을 경쟁적으로 내걸었다. 전문성이 높아질수록 해당 교수의 강의나 상담 능력이 떨어지는 것은 어찌보면 당연한 일이었다.

캠퍼스 라이프, 학생 문화의 태동

종교적 색채가 퇴색되고 전문성이 심화된 결과, 대학의 학부 과정에서는 점점 강의실 밖에서 배울 수 있는 것들이 중요해졌다. 대학에서 쌓을 수 있는 경험은 단순히 강의를 듣고 세미나에 참석하고 연구를 수행하며 배운 '지식의 총합'이 아니었다. 학부 교육에서 상당 부분을 차지하는 중요한 요소로 '대학 생활'이 떠오르기 시작한 것이다.

이때 등장한 새로운 유형의 학교가 바로 기숙학교다. 당시에는 많은 학교들이 기숙사를 갖추고 있었고, 정부에서 건설 보조금을 지원받기도 했다. 기숙학교는 학사 과정 4년 동안 학교에서 교수 및 선후배와 함께 지내며 '배우는 습관'을 들이는 곳이었다. 대학은 학생들에게 자립이나 자기 신뢰를 강조하기보다 점점 더 가부장적으로 군림하려 했다.

기숙사 생활은 학생들이 사회에 나가 중산층 주류 문화에 안정적으로 편입되기 위한 완충지 역할을 했다. 기숙대학은 학생과 졸업생들의 엄청난 지지를 받았다. 이들은 교수들이 추구하는 수준 높고 복잡한 연구에는 별 흥미가 없었지만, 대학 생활 자체는 매우 사랑했다. 졸업생들의 기부금에 의존해 성장한 대학으로서는 이들의 지지가 매우 중요할 수밖에 없었다. 사교 동아리와 스포츠 팀, 회식 모임 등 강의를 제외한 현대 대학 생활의 문화는 모두 이때 생겨났다. 이때부터 대학은 신입생 오리엔테이션을 비롯한 학부 생활을 전담할 교직원을 고용하기 시작했다.

20세기를 거치며 학부 교육은 특정 기술을 익히는 과정이라기보다 사회생활을 위한 기본 소양을 쌓는 '생활 방식'이라는 인식이 굳어졌다. 덕분에 강의가 아닌 캠퍼스 생활 또한 교양교육의 일부로 여겨지게 되었다.

이런 대학 문화의 중요성과 필요성을 강조하기 위해 학생들의 여가 활동에는 학습이라는 의미가 덧입혀졌다. 각 대학은 수백 년 동안 강의실 밖에서 일어나는 활동을 통제하려 애썼지만, 학생들은 혈기 왕성한 젊은이답게 온갖 수를 써서 통제에서 벗어나려 했다. 오랫동안 학생들은 캠퍼스에서 교수들의 간섭을 받지 않을 자유를 요구했다.

학교 간 스포츠 경기는 애교심을 기르는(더불어 졸업생의 기부를 늘리는) 데 중요한 역할을 했다. 학교는 스포츠가 절제와 협동 정신, 리더십 등을 기르는 교육적 활동이라고 선전했다. 교내 신문과 합창단, 문학 동아리 등도 대학 생활의 역할을 강화하는 요소였다. '캠퍼스 공동체'에 속한 학생들에게는 이러한 수업 외 활동이 교양교육을 대신하는 것이나 마찬가지였다. 학부생들은 교수진이 주도하는 전문적 연구보다는 활기찬(그러면서도 적당히 통제된) 학생 문화가 주도하는 공동체 생활에 훨씬 큰 영향을 받았다.

교양교육은 꼭 필요한가?

이러한 사회적 변화와 더불어 대학 안에서도 과학이 명백한 우위를 점하면서 상황이 달라지기 시작했다. 물리학, 화학, 생물학 분야의 연구 성과는 공업은 물론 방위산업, 의료 분야에 막대한 영향을 끼쳤다. 하지만 이러한 발전은 연구자의 도덕적, 정치적, 또는 문화적 소양과는 별 관련이 없어 보였다. 대학이 거둔 성과는 학자가 아닌 사람들, 민간 기업들이라고 해서 이루지 못할 이유가 없었다. 과학의 괄목할 발전 앞에서 점점 더 많은 사람들이 교양교육이 여전히 유용한지, 아니면 이제는 사라져야 할 유물에 지나지 않는지 묻기 시작했다.

이러한 과학의 득세에 대응해 문학 관련 학과들은 이른바 가치중립적, 객관적 분야인 과학과 달리 문학은 가치와 주관성의 분야라는 점을 강조했다. 1920년대에 등장한 이들은 문학이야말로 과도한 전문화로 생긴 정신적 공백을 메꿀 열쇠라고 생각했다. 철학적, 언어학적으로 엄밀한 연구를 추구하는 대신 이들은 영적 성장과 자기 이해를 학문의 핵심으로 내세웠다. 문학을 연구함으로써 자아를 성찰하고 문화적 의미를 더 깊이 이해할 수 있다는 개념은 다른 인문학 영역으로까지 영향을 미쳤다.

역사학자와 철학자들은 역사와 철학이 종합적인 학문이라는 점을 강조했다. 이런 폭넓은 배움을 통해 학생들이 개념과 사실을 조합하고, 새로운 의미를 창조할 수 있다는 것이다. 의미를 창조한다는 것은 과학뿐 아니라 도덕과도 관련이 있었다. 이 무렵 미술 또한 명작을 감상하는 법을 가르치는 쪽으로 방향을 전환했다. 강사로 초빙된 예술가들은 학생들에게 창작 기법을 가르치기보다 영감을 주는 역할을 했다.

우리와 달리 시대적 요구가 변하고, 과학이 눈부신 성장을 이뤘음에도 불구하고 교양교육은 여전히 중요하게 여겨졌다. 성숙한 시민을 길러내는 데는 배움을 위한 배움이 꼭 필요했기 때문이다. 또 교양교육을 부유한 엘리트의 전유물로 제한하지 않고 다양한 사람에게 제공하는 것은 이민자의 나라인 미국에서 교육의 보편성을 확보하는 좋은 방법이기도 했다.

편견 없는 탐구에서 민주주의의 기본 가치가 나온다는 개념은 어떻게 보면 모순적이기도 하다. 젊은이들은 자기 힘으로 생각하는 법을 배움으로써 사회가 요구하는 삶의 방식에 맞추어 사회화될 터였다. 1930년대는 이념적으로 경도된 시기였고, 교양교육은 이런 사회적 압력 속에서 자유로운 시민정신을 보호할 장치로 각광받았다. 독일에서 히틀러가 집권한 지 2년 후 하버드 총장 제임스 브라이언트 코넌트James Bryant Conant는 학부생들에게 다음과 같이 말했다.

"대학 교육의 가장 중요한 기능은 학생이 독립적으로 사고할 수 있도록 이끌어주는 것이라고 생각합니다…. 어떤 질문을 던졌을 때 다른 답이 있을 수 있는지, 다른 사람이나 다른 시대의 견해는 어떤지 알고자 하는 욕구는 그가 교육받은 인간임을 보여주는 증거입니다. 교육은 정신을 인습이라는 속박에 가두는 것이 아니라 정신이 끊임없이 성장할 수 있도록 양분을 공급해야 합니다. 자기 힘으로 생각하십시오! 지식을 흡수하고 자신보다 경험 많은 이의 말에 귀를 기울이되, 남이 자기 대신 생각하도록 내버려두지는 마십시오."[13]

우리 자신의 자유와 독립은 남이 나 대신 생각하도록 허용하지 않는 데서 출발한다. 그렇게 하려면 배움을 위한 배움, 즉 교양교육이 필요하다.

전문성이 전부는 아니다

2차 대전이 끝난 후 코넌트가 하버드 교수들을 모아 창설한 위원회는 미국 교육의 미래에 지대한 영향을 미칠 보고서를 발표했다. 〈자유로운 사회에서의 일반교육(General Education in a Free Society)〉은 교육철학과 더불어 전후 미국 시민이 해야 할 일들에 대한 조언을 담고 있었다. 하버드 위원회는 '교양교육'이라는 말이 대학 교육만을 가리키는 것으로 해석될 여지가 있다고 생각해 '일반교육'이라는 단어를 사용했다. 일반교육도 사실 대학에서 "하나의 특정 분야보다 넓은 범위를 포괄하는 교육"을 지칭할 때 자주 쓰이는 용어였다. 컬럼비아대학교는 1차 대전이 시작될 무렵 역사적으로 중요한 작품을 통해 현대 사회의 문제를 다루는 일반교육 강의를 처음 시작했다. 다른 몇몇 학교에서도 비슷한 강의를 도입했다. 이 강의는 어느 특정 분야에 속하지는 않지만 사회에서 중요한 의미를 지니는 책들을 공부하는 '인문 고전' 수업이라고 할 수 있었다.

세월의 시험을 거친 고전과 현대 사회 문제의 조합은 하버드 위원회가 전하고자 하는 바의 핵심을 꿰뚫었다. 위원회 교수들은 파시즘이 물러가고 공산주의가 새롭게 떠오르는 상황에서 국가적 공감대를 이룰 사고의 틀을 제시하려 했다. 그러기 위해서는 교육이 개인에게 기회를, 사회에는 통합의 기반을 제공해야 했다.

"크게 볼 때 교육은 두 가지를 목표로 삼아야 한다. 첫째는 젊은 이들이 스스로 찾은 자신만의 역할을 사회에서 수행할 수 있도록 돕는 것이다. 둘째는 그들이 시민이자 문화의 계승자로서 다른 이들과 두루 어울릴 수 있는 사람이 되도록 이끄는 것이다." [14]

코넌트는 젊은이들의 미래가 집안의 경제 사정에 의해 억지로 정해질 것을 우려했다. 또 이러한 일이 세대를 거치며 반복되면 경제적 불평등이 더욱 심화될 것으로 내다보았다. 이런 불평등 속에서 시민들은 공통의 문화를 공유하기 어려우며, 이는 다시 사회의 기반을 흔드는 계층 간 분열로 이어질 수 있었다.

〈애틀랜틱 먼슬리〉에 기고한 두 편의 글에서 코넌트는 두 가지 해결 방안을 내놓았다. 첫 번째 제안은 주기적으로 부를 재분배해 한 세대가 다음 세대로 특권을 물려주지 못하게 하자는 것이었다. 코넌트는 교양 있는 미국 엘리트라면 부의 세습을 막기 위해 정부에서 무거운 상속세를 매기더라도 받아들일 수 있어야 한다고 생각했다. 두 번째는 공교육을 강화해 어떤 배경을 지닌 이라도 기회의 사다리를 오를 수 있게 하자는 것이었다. 대학은 배경이나 인맥이 좋은 학생이 아니라 뛰어난 학생을 선발해야 한다. 그는 이를 위해 공정한 시험 제도와 넉넉한 재정이 필요하다고 주장했다. 당시 코넌트가 제안한 대학 입학 시험제도는 훗날 미국의 수학 능력 시험인 사트(SAT)로 불리게 되었다.

코넌트는 "중요한 것은 학생들이 자신에게 맞는 사다리에 발을 디딜 수 있도록 돕는 것"이라며 "다양한 집단에 속한 학생 각자에게 적당한 사다리를 하나씩 찾아주어야 한다"고 주장했다.[15] 일반 교육은 기회가 중요시되는 사회에서 생기는 부작용인 불평등을 상쇄할 평형추 역할을 해야 했다. 코넌트는 공산주의 운동가들이 계층 분열의 틈을 파고들어 전체주의적 평등으로 이어질 게 뻔한 혁명을 조장하는 것을 우려했다. 위원회의 보고서에는 다음과 같이 쓰여 있었다.

> "일반교육의 핵심은 집단과 집단을 분열하는 힘을 상쇄해 균형
> 을 잡는 데 있다. (…) 일반교육은 두 가지를 동시에 추구한다. 첫째
> 는 재능 있는 학생에게 기회를 주는 것, 둘째는 평범한 학생들의 수
> 준을 끌어올리는 것이다. 인간으로서 지녀야 할 보편적 공감대만
> 있다면 이 두 가지를 함께 이루는 것은 그리 어렵지 않다." [16]

보고서에서 말하는 교육과정은 인재들에게 재능을 펼칠 기회를
주는 한편 평범한 학생들의 지평을 넓히는 것을 목표로 삼았다. 다
양성에서 보편적 공감대를 끌어낸다는 지극히 미국적인 과제가 바
로 이런 일반교육의 목표였던 것이다.

훗날 '레드 북(Red Book)'이라는 별명을 얻은 하버드 위원회의 보
고서는 일반교육의 발전에 장애가 될 문제들을 다루었다. 이 가운데
가장 중요한 것은 강의 내용과 학생의 다양성이었다. 당시 학생들의
성장 환경과 출신 문화권은 엄청나게 다양했다. 놀라운 속도로 발전
하는 여러 과학 기술 분야에서는 각기 다른 방법론을 사용했다. 이
토록 다양한 학생과 과목을 하나로 묶어줄 매개는 무엇인가? 사람
들이 배워야 할 내용은 누가 정하는가? 위원회는 이러한 질문에 답

하기 위해 고전적 방법들을 검토했지만, 결국 문화유산과 실험적 시도에 초점을 맞추기로 했다. 문화유산을 활용해 사회적 통합을 꾀하는 한편, 다양한 실험을 통해 점진적 진보를 이룬다는 것이다. 그 가운데 성공을 거둔 실험은 새롭게 문화유산에 편입될 수도 있었다.

위원회는 굳이 어떤 고전이 다른 작품보다 뛰어나다고 주장하려 하지 않고, 단지 오랫동안 서구 문명에서 특정한 작품들이 전통으로 인정받았다는 사실을 언급했다. 위원회는 전통적으로 교양 있는 엘리트들이 읽었던 책을 일반교육 교재로 활용해야 한다고 주장했다. "민주주의의 임무는 교양교육의 오랜 전통을 보전하고 이를 공동체의 모든 구성원에게 가능한 한 널리 전파하는 것이다." [17)]

한편 최신 과학과 철학이라는 전통도 소홀히 할 수는 없었다. 위원회는 당장 활용할 수 있거나, 생산적인 결과를 낼 수 있는 과목들도 일반교육에 포함되어야 한다고 강조했다. 위대한 문화유산에 대한 존중과 새로운 지식을 창조하는 탐구 정신은 서로 보완관계에 있었다.

보고서는 또 특정 분야의 전문가를 길러내는 대학에서 보편적 가치를 가르칠 교수를 찾는 일이 만만치 않다는 점을 지적했다. "학부생들은 대학원 과정을 마친 교수에게 수업을 받는다. 당연히 이 교수는 전문성이라는 이상을 가장 중요하게 여긴다. 결국 오늘날 교육은 무수한 전문 분야로 잘게 나뉠 수밖에 없다."[18] 그러나 전문화는 파편화의 현대적 형태라고 할 수 있으며, 파편화는 사회 불안, 혹은 상황을 더 악화시키는 불평등으로 이어진다. 교양교육(공교육에서는 일반교육)은 이를 보완할 '평형추'이자 시민과 학자 모두에게 보편성을 제공하는 장치였다.

하지만 전문성이 우위를 점하는 곳은 대학뿐만이 아니었다. 위원회 교수들은 사회 전체가 기술적 전문성에 의존하고 있으며, 그렇기에 교양교육이 그 어느 때보다 중요하다고 설명했다. "지금 우리에게는 전문가와 사기꾼을 구별하기 위한 지혜가 필요하다……. 일반교육의 목적은 어떤 분야에서든 진정한 능력을 알아보는 폭넓고 비판적인 감각을 키우는 데 있다."[19]

보고서는 폭넓은 감각을 통해 키워지는 '정신적 자질'을 강조했다. 여기에는 효율적 사고와 의사소통 능력, 적절한 판단력과 가치를 알아보는 안목이 포함된다. 교수들은 모든 시민에게 이러한 자질이 필요하며, 교육을 통해 이 자질을 키우고 자기 인식을 확립할 수 있으리라 기대했다. "자신의 생각을 제대로 이해하고 비판적으로 성찰할 줄 안다면 전공 분야 밖에서도 보편적 관점을 가질 수 있다."[20]

개인의 자유와 권리를 극도로 중시하는 사회에서 사적인 것, 계급적인 시각을 잠시 접고 개인성을 초월하는 법을 배우는 것은 영원한 숙제일 것이다. 이 과제를 달성하려면 자기 이웃, 또는 동료 시민과 '보편적 공감대'를 형성하는 것이 무엇보다 중요하다.

학생들은 앞서 언급한 대로 강의실 밖에서의 다양한 활동을 통해 보편적 공감대를 형성할 수 있었다. 그러나 교수들은 이 과제를 달성하기 위해 전문 분야를 편의에 따라 나눴을 뿐인 학과라는 경계를 초월해야 했다. 대학이 각 분야의 전문성을 넘어 보편적 교육 목표를 확립한다는 것은 상당히 벅찬 과제였다. 대학 차원에서 인문학, 사회과학, 자연과학 분야의 일반교육 강의를 개설해도 각 학과가 전공 수업을 점점 늘리는 경향은 변하지 않았다.

강의평가제 : 학생, 대학의 또 다른 주체가 되다

2차 대전 이후 30년은 "미국 대학 역사상 가장 파란만장했던 시기"였다. 1957년 러시아가 세계 최초로 인공위성 스푸트니크호를 발사한 데 충격을 받은 미국 연방 정부는 대학 연구에 투자를 대폭 확대했고, 여기에는 시설 확충과 대학원생 선발도 포함되어 있었다. 또 제대군인 원호법(G. I. Bill, 2차 세계대전 이후 미국 제대군인들에게 각종 복지와 직업훈련 기회를 제공하기 위해 제정된 법) 덕분에 귀향 장병 수백만 명이 대학으로 몰렸고, 학사 학위를 취득하려는 학생 수는 1940년에서 1970년 사이에 세 배로 늘어났다.

대학의 양적 성장은 교육계 전반에 영향을 미쳤다. 대학원 과정이 급격히 증가했고, 전문대학도 마찬가지였다. 동시에 교양교육이 필수라는 인식도 널리 퍼져갔다. 직업교육에도 예술과 과학 분야의 수업을 강화하는 사례가 많아졌다. 대규모 공립교육기관은 더욱 몸집이 커졌고, 사립학교들은 학생을 더욱 까다롭게 선발하며 교수진의 연구에 대한 지원을 늘렸다.

역사학자들은 정부의 지원과 학생 수 급증이 맞물리며 교육계에 엄청난 활기가 돌았던 이 시기를 교육의 '황금기'라고 불렀다. 이 황금기를 거치며 대학은 수백만 명에게 문화적 가치를 가르치고 그들의 사회 진출을 돕는 동시에 지식을 창조하는 곳으로 널리 인정받게 되었다.

비슷한 시기에 교수들의 권위도 한층 높아졌다. 교수진은 교과과정을 짜는 것은 물론 승진과 임용에 대해 결정할 권한을 손에 넣었다. 리스먼Riesman과 젠크스Jencks는 1968년에 출판한 책《대학 혁명(The Academic Revolution)》에서 이를 정확히 지적했다. 일류 대학 교수들은 교수 평가의 기준이 되는 연구를 전반적으로 통제하고 관리하는 데 상당한 시간과 정성을 들였다. 이들은 대부분 자기 분야의 전문가 협회에 속해 있었고, 저명한 학술지에 논문을 발표하려고 많은 노력을 기울였다. 그러나 실상은 획기적인 연구 성과를 내놓지 않는 대학이 훨씬 더 많았다. 이들의 목표는 학생을 가르치는 것이었기 때문이다.

그렇다면 강의의 질은 누가 평가하는가? 《대학 혁명》이 출판될 무렵 또 하나의 혁명인 '학생 혁명'이 일어났다. 이 책에서 학생 혁명에 대해 자세히 다룰 수는 없지만, 이때를 전환점으로 많은 학교에서 강의의 질을 평가하는 권한이 학생들에게 넘어갔다는 점은 짚고 넘어갈 필요가 있다.

교수 평가는 학생들이 재미 삼아 비공식적으로 매긴 교수 순위가 퍼져나가면서 점차 보편화됐다. 캠퍼스 내 다른 학생 활동과 마찬가지로 학교 당국은 이 평가를 공식적인 절차로 바꿀 방법을 찾았다. 이에 따라 거의 모든 대학에서 익명으로 진행되는 학생 강의 평가제가 의무화됐다. 물론 여전히 교수의 수준을 평가해 임용이나 승진을 정하는 것은 교수 위원회와 대학 당국의 몫이었다. 하지만 그들은 교수의 강의 능력을 평가할 때 학생들이 설문에 표기한 만족도를 중요한 정보로 활용했다.

《대학 혁명》의 2002년판 서문에서 젠크스는 이를 다음과 같이 표현했다. "교육기관은 기성세대가 학생들에게 기대하는 것 대신에 그들이 정말 원하는 것을 주어야 한다는 강한 압력을 받고 있다." 하지만 이런 압력도 교수의 연구에는 영향을 미치지 못했고, 학문의 핵심에 해당하는 부분을 여전히 교수가 통제한다는 점에는 큰 변화가 없는 듯하다.

학생이 강의를 평가하고, 교수가 연구를 통제하는 이 조합은 베트남전쟁이 끝난 후 많은 대학에서 정치적 역학 관계를 바꾸어놓았다. 학생운동 경력이 있는 교수들은 연구 통제권을 건드리지 않는 한 학생들의 정치적 요구에 귀를 기울이려 노력했다. 거의 모든 대학에서 교수와 학생들은 서로 '선택권'이 있다는 사실을 존중하는 듯 보였다. 1968년 발표된 〈스탠포드의 교육에 관한 연구(The Study of Education at Stanford)〉는 이 현상을 다음과 같이 설명했다. "교수진은 결과에 관계없이 자신의 지적 관심사를 추구할 수 있어야 한다. 다른 조건이 모두 같다면 학생 또한 이와 같은 자유를 누려야 한다."

그런데 문제는 교수진과 학생들이 서로 자신이 원하는 것을 주장하는 상황에서 일반교육을 강화하기란 불가능하다는 것이다. 그러다 보니 선택과목 제도가 확대되는 현상이 벌어졌다. 일부 학교(컬럼비아, 시카고, 세인트존스)는 모든 학생이 들어야 하는 핵심 강의들을 유지했다. 그러나 이런 강의들은 손에 꼽을 정도로 수가 적었고, 그나마도 정식 임용을 받지 못한 강사가 담당하는 경우가 많았다. 과학과 인문학, 사회과학을 맛보기 수준으로 제공하는 이 필수과목들은 대학 측이 '균형 잡힌 교육'에 신경 쓰고 있음을 보여주기 위한 구색 맞추기에 가까웠다.

이로써 교수는 자신의 전문 분야에 관련된 강의를 개설할 수 있었고, 학생들은 자신이 좋아하는 주제나 인기 강사를 선택할 수 있었다. 교양교육은 다양한 강의가 가득 차려진 뷔페에 접근하기 위한 과정으로 여겨졌다. 학교 측에서는 어떤 과목이든 교양 과목으로 쉽게 추가할 수 있었고, 이 점은 대학 운영에도 의외로 상당히 중요하게 작용했다. 더욱 다양한 학생들이 대학에 모이면서 유럽과 미국에만 초점을 맞춘 강의(특히 인문학과 사회학 분야) 외에 다른 것을 요구하는 목소리가 커졌기 때문이다. 학생들이 떠나는 것을 막으려면 대학은 이제껏 소외돼온 과목(특히 최근 인기 있는 연구 분야와 관련된 경우)의 강의를 제공해야 했다.

교수진과 학생이 대학에서 겪는 '학문적 경험'도 예전과는 많이 달라졌다. 생물학자나 경제학자, 역사학자가 각각 반드시 알아야 할 내용이 있으므로 전공 강의에도 필수과목은 있었다. 하지만 교육과정 전체를 하나로 묶어주는 것은 교양필수과목뿐이었다. 연구의 가치는 종신 교수들이 결정했고, 강의의 품질은 학생들의 평가에 의해 정해졌다. 대학 교육 차원에서 보자면 교수의 연구와 학생의 강의 평가가 보이지 않는 손으로 작용해 최선의 결과가 나오기를 막연히 바라는 수밖에 없었다.

상대주의의 함정 : 근본적 질문 앞에 무기력한 대학

앨런 블룸Allan Bloom, 1930~1992의 《미국 정신의 종말(The Closing of the American Mind)》(1987)은 이러한 상황을 꼬집고 있다. 이 책은 미국 대학들이 민주주의(블룸이 생각하기에는 상업주의)의 가장 나쁜 특성을 고스란히 드러내고 있다고 신랄하게 비판했다.

블룸은 2차 대전이 끝날 무렵 시카고 대학의 레오 스트라우스Leo Strauss 교수 밑에서 수학했다. 스트라우스와 마찬가지로 블룸은 무기력한 상대주의가 서구의 지성과 도덕이라는 나무를 말려죽이고 있다고 생각했다. 그는 교수와 학생 모두 인식하고 판단하는 힘을 잃었다고 비난했다. 교수와 학생 간의 관용이라는 가면은 사실 위선적 상대주의에 불과하고, 대학에서는 가치에 대해 진지한 질문을 던질 수조차 없다는 것이다.

관용만을 중요시하는 사회에서는 진정한 선과 악을 구분할 수 없었다. 블룸은 관용만이 교육의 지상 가치라면 학생들은 결코 삶의 근본적 갈등이나 선택을 정면으로 마주하지 못할 것이라고 일갈했다. 모든 사람이 "자기 의견을 고수할 권리가 있다면" 진실은 존재하지 않는다. 따라서 그 누구의 의견도 진정한 의미를 지닐 수 없다. 학문적 다원주의의 미명 아래 모두가 자기만의 탑에 갇혀 있는 셈이다.

과학자들은 자신의 연구 결과가 초래할 영향을 깊이 생각해 보지도 않고 눈앞의 연구 대상에만 매달렸다. 연구가 끼치는 영향은 과학적 분석 대상이 아니라고 여겼기 때문이다. 문학 평론가들은 이제 굳이 학생들에게 인간의 존재에 관해 질문을 던지는 고전문학을 읽으라고 권유할 필요가 없다고 생각했다. 심지어 철학자들조차 사적 정의와 공적 정의의 충돌이나 사회적 불평등, 자연권 같은 전통적 주제를 다루기보다 자신의 논리적, 언어적 전문성을 내보이는 데 더 관심이 있었다.

블룸의 주장에 따르면 상대주의는 미국에서 역사주의(historicism, 가치와 진리는 불변하는 것이 아니라 역사적 과정에서 생성된다고 보는 이론)와 니체의 투시주의(perspectivism, 모든 사물은 해석하는 이의 관점에 따라 달라진다는 이론)가 특이한 방식으로 결합되어 탄생했다. 그 결과 미국은 학술원과 수도원, 대학 등 학문을 추구하는 모든 곳에서 수백 년간 이어져온 '근본적 질문'을 탐구할 능력을 잃었다. 인류의 근본적 질문을 진지하게 다루려면 그 질문에 대해 내놓은 우리(혹은 그들)의 답이 틀렸다는 사실을 받아들일 준비가 돼 있어야 하기 때문이다.

블룸은 대학이 근본적인 질문들을 항상 가장 중요한 위치에 두어야 하며, 그러기 위해서는 이 질문들을 가장 잘 다룬 작품을 보존하고 유지해야 한다고 주장했다.[21] 하지만 현대 연구 중심 대학에서는 이 질문이 무엇인지를 논하기 전에 이런 질문이 과연 존재하는지에 대한 합의조차 이뤄지지 않았다. 교수들도 이 문제를 가장 잘 다룬 작품이 무엇인지 알지 못했다. 이것은 대학에서 다루는 문제가 아니었다.

당시에는 서로 다른 시대나 문화는 하나의 기준이 아니라 그 시대나 문화의 내부적 맥락에서 이해할 수 있다는 생각이 널리 퍼져 있었다. 따라서 교육에서 역시 어떤 과목이든 일반교육에 포함될 수 있다고 가정했다. 특정한 문화적 산물이 다른 것보다 우월하다고 단정할 수 없었기 때문이다. 공리주의의 창시자인 제러미 벤담Jeremy Bentham은 압정도 문학만큼이나 훌륭할 수 있다고 표현했다. 따라서 셰익스피어 강의도 아마추어 영화 제작 수업도 얼마든지 훌륭한 교양필수과목이 될 수 있었다.

블룸은 사람들이 역사와 문화의 중요성을 받아들임으로써 상대주의적 안일함에 빠졌다고 비판했다. 그는 "이러한 상대주의를 생각 없이 받아들이는 교조주의, 다시 말해 그것이 우리 삶에 어떤 영향을 미칠지 고려하지 않는 안일함이 놀랍고도 수치스럽다"고 토로했다.

대학은 단순히 정부의 지원에 기대 연구 성과를 내고 최신 기술을 발전시키는 곳이 아니었다. 또 기부금으로 진행되는 연구를 보호하며 정부의 대학 지원책을 비판하는 곳도 아니었다. 블룸에게 대학은 젊은이들이 당장의 효용을 따지지 않고 인간이라는 존재의 핵심에 관한 질문, 우리의 일상과 가장 소중한 가치 앞에서 우리가 과연 누구인지, 어떤 사람이 될 수 있는지에 관한 질문을 던질 수 있는 곳이어야 했다.

"교양교육이란 바로 청년들이 '인간이란 무엇인가'라는 질문을 던질 수 있도록 돕는 것을 뜻한다. 이 질문의 답은 정해지지 않았지만, 그렇다고 절대 알 수 없는 것도 아니다. 이 질문을 끊임없이 탐구하지 않으면 진지한 삶을 살아가기 어렵다… 교양교육을 제대로 받은 사람은 남들이 좋아하는 뻔한 답을 거부할 수 있다. 이는 그가

대학의 몰락

고집스러워서가 아니라 다른 많은 대안을 떠올릴 수 있기 때문이 다."[22]

평등과 민주주의를 찬양하는 미국에서 대학은 다양한 가능성이 자라날 수 있는 곳이어야 했다. 하지만 블룸은 스스로 진보적이라 생각하는 대학이 사실은 근대적인 편견에 빠져 가장 보수적인 모습을 보인다고 생각했다. 대학은 관습을 타파하는 임무를 띤 중요한 곳이었지만, 실제로는 오히려 후기 계몽주의적 관념을 강화하는 역할을 했을 뿐이었다. 주류 학계는 블룸이 보수적이라고 여겼지만, 《미국 정신의 종말》은 반대로 대학이 체제 순응적이라고 맹렬히 비난했다. 블룸의 공격은 지속적이고 보편적인 지적 경험을 제공하는 데 실패한 대학을 향한 것이었다.

《미국 정신의 종말》은 블룸의 과격하고 거만한 어조 탓에 격렬한 반발을 불러일으켰다. 대중과 교육계가 블룸의 책에 분개한 것은 그가 계층적이고 비민주적인 대안까지도 고려해야 한다고 주장했기 때문이다. 이 책이 출판된 후 교수를 비롯한 지식인은 물론 학생과 일반인들의 반박문이 엄청나게 쏟아져 나왔다. 어떤 이는 교양교육이 고전을 버렸다는 주장에, 또 어떤 이는 서구 문명이 다른 문명에 굴복했다는 비난에 분개했다. 교육계 인사들은 종신 교수인 근본주의자들이 세속적이고 반기독교적인 방식으로 학생들을 세뇌한다는 주장에 가장 날카롭게 반응했다. 대학이 여전히 편견 어린 전통에 매달려 소수 집단을 소외하고 있다거나, 대학을 관리자 양성 도구로만 활용하려는 기업 문화를 묵인하고 있다고 비난하는 이들도 있었다.

누구에게 무엇을 가르쳐야 하는가? 하버드 총장 엘리엇은 대학원의 연구 성과가 학부에까지 낙수효과를 일으키면 교양교육도 자연스레 지식을 확장하는 방향으로 나아가리라 믿었다. 그러나 학부생이 한 학기에 듣는 강의 수는 거의 변하지 않았기에 새로운 강의가 추가되면 그만큼 다른 강의를 포기해야 했다. 그러다 보니 특정 과목이 폐강될 때마다 "○○도 모르는 채 이 학교를 졸업하다니 믿을 수가 없군!"이라는 불만의 목소리가 터져 나왔다. 19세기 프린스턴 졸업생들은 라틴과 그리스 고전이 필수과목에서 빠졌을 때 강한 불만을 표했고, 20세기 후반 스탠포드 졸업생들은 명문대라는 곳에서 호머와 셰익스피어를 배우지 않고 졸업하는 학생이 많다는 사실에 경악을 금치 못했다.

이런 현상이 일어나는 이유 중 하나는 문화 자체의 개념이 변했기 때문이었다. 1980~1990년대는 격렬한 문화 전쟁의 시대였고, 대학은 이 전쟁의 중심에 있었다. 교양교육은 오랫동안 문화가 종교를 대신해 더 높은 곳에 이르는 통로 역할을 할 수 있다는 매튜 아놀드 Matthew Arnold의 개념을 기반으로 삼았다. 그러나 20세기 후반에는 문화를 인류학적으로 파악하는 관점이 우세해졌다. 이 말은 문화를 고상한 사상과 예술의 영역으로 여기는 대신 일상생활에서 사람들을 하나로 묶어주는 매개로 보게 되었다는 뜻이었다. 다시 말해 인류학적 관점에서 문화와 관습을 구별하지 않았다는 의미다. 따라서 고귀한 것을 배우기 위해 '위대한 관습'을 골라낸다는 것은 이치에 맞지 않는 것이었다.

하지만 문화를 통해 고귀함을 도모할 수 없다면 왜 문화를 공부하겠는가? 문화 연구는 위대한 작품을 중시하는 수사학적 전통에서 줄곧 중요한 부분을 차지했다. 인간이 처한 상황을 이해하는 것이 무의미하다면 폭넓은 배움의 목표는 과연 무엇인가? 세계 각지의 다양한 관습을 단지 알게 된다고 해서 보편적 공감대를 형성할 수 있을까?

교육의 목적에 대한 공감대가 사라진 상황에서 직업교육을 중시하는 경향은 어느 때보다도 강해졌고, 대학의 사정도 다르지 않았다. 교육이 관습적 행위를 배우는 것뿐이라면, 유용한 것만을 골라 배우면 안 될 이유가 어디 있을까?

상품으로 전락한 대학 교육

최근 몇 년간 대학은 새로운 비판에 직면했다. 새로 등장한 이 비판가들은 '진정한 자유 교양교육'이 무엇인지에는 관심이 없으며, 학생이 사회에 나와 경제적으로 제 역할을 해낼 수 있도록 하는 데 열을 올린다. 이들의 관점에서 보면 교육은 상품이다. 이들은 교육이 미래를 위한 투자, 또는 돈을 지불하고 제공받는 '경험'이라고 생각한다.

경기 침체 탓에 실업률은 떨어질 기미가 보이지 않는다. 사람들은 '대학이 값어치를 하는지'를 어느 때보다도 꼼꼼히 따지기 시작했다. 대학 생활에 들어가는 돈은 크게 늘어난 반면, 취업 전망은 그리 밝지 않다. 학생이 학자금 대출을 짊어지게 되는 상황이 20년 넘게 계속되자 대학이 '거품 교육'이라는 비판은 더욱 힘을 얻고 있다. 대학 교육의 비효율성과 비싼 등록금, 과대 선전이 도마에 올랐고, 대학이 교육이나 연구와 별로 관계없는 분야에 투자해 돈을 낭비한다는 비판도 나왔다.

그렇다면 대학은 학생과 학부모가 원하는 '경험'에 어떤 식으로 대응하고 있을까? 그리고 이러한 요구와 대응은 날로 높아지는 등록금에 어떤 영향을 미칠까? 대학에 입학한 학생들은 제때 졸업할 수 있는가? 학부모는 자녀가 무엇을 배워 졸업하는지 알고 있는가? 자녀가 대학을 나오면 '투자금'을 회수할 수 있는지 알고 싶어 하는 학부모들의 욕구는 점차 커져가고, 이러한 질문들은 점점 더 중요해졌다.

과거에 사람들이 대학의 역할과 의미를 물은 이유는 자신이 원하는 진정한 교양교육을 제공받기 위해서였다. 그들은 교양교육의 폭을 넓히는 것을 목표로 삼았다. 하지만 오늘날 대학을 비판하는 사람들은 한발 더 나아가 전문직에 종사할 학생이 아니라면 대학이 일반적으로 제공하는 교양교육이 아예 필요 없다고 주장한다. '대학의 역량과 생산성을 위한 센터(Center for College Affordability and Productivity)'의 소장인 리처드 베더Richard Vedder는 교양교육의 효용에 대해 의문을 제기했다. "관리직이나 전문직 등 대학 졸업자들이 선호하는 급여가 높은 일자리보다 대학 졸업생의 수가 더 많다는 게 가장 큰 문제다. 맛있는 마티니를 만드는 데 과연 화학공학과 졸업장이 필요할까? 대학 졸업생 셋 중 하나는 노동부에서 학사 학위가 필요하지 않다고 설명하는 직업에 종사한다." [23] '시장'의 힘을 믿는 베더는 대학 졸업생들이 계속해서 대학 교육과 관계없는 직업에 종사하게 된다면, 곧 학부모들은 돈을 들여 자녀를 대학에 보낼 필요가 없다고 여길 것이라 내다봤다.

바텐더가 화학공학과를 나왔다는 것은 과거로 치면 농부가 취미로 고전을 읽거나, 공장 근로자가 셰익스피어를 인용하는 것을 의미했다. 과거에는 이러한 '부조화'가 건전한 국가의 상징으로 일컬어졌지만, 오늘날에는 '헛된', 혹은 비효율적인 교육으로 취급된다. 물론 이제껏 먹고 사는 데 도움이 되지 않는 것을 왜 배워야 하는지 의문을 표한 학자나 전문가가 없었던 것은 아니다. 또 최근의 논란이 비싼 대학 등록금과 이로 인해 빚더미에 앉은 학생들의 불만에서 시작됐다는 것도 확실하다. 더구나 그토록 많은 사람들이 학위를 받는다면, 졸업장의 가치는 더욱 떨어지지 않겠는가? 아무나 회원으로 받아주는 클럽에 가입하고 싶어 할 사람이 있을까?

누구나 대학에 가면 왜 안 되는가?

미국의 25~34세 청년 대졸자 비율은 산업국가 가운데 10위로, 다른 선진국과 비교해 높은 것은 아닌 듯하다. 오바마 행정부는 이런 경향을 바꾸기 위해 노력을 기울여 왔다. 고등교육 확대를 위해 활동하는 비영리단체 루미나 재단(Lumina Foundation)은 "공신력 있는 고등교육을 받은 미국인 비율을 2025년까지 60%로 끌어 올린다"는 목표를 세웠다.

루미나 재단의 활동은 대학 교육의 의미가 최근 몇 년간 어떻게 달라졌는지 보여주는 사례다. 넉넉한 기부금으로 운영되는 루미나의 핵심 목표는 인력 양성이지만, 이들은 나름의 교육관도 밝히고 있다. 이 재단은 고등교육이 지식 기반의 사회와 경제에서 성공하기 위해 필요한 전제 조건이라고 주장한다. 고등교육의 목표를 달성함으로써 "경제 상황을 개선하고 시민 참여를 활성화하며 범죄 관리와 복지, 건강보험에 들어가는 예산을 줄일 수 있고, 요컨대 삶의 질을 개선할 수 있다"는 것이다.[24]

교육받은 시민을 양성함으로써 얻을 수 있는 이런 효과는 주로 경제적인 이익을 말하지만, 그것이 전부는 아니다. 시민 참여와 삶의 질 개선은 오랫동안 교양교육의 긍정적 효과로 거론되었던 것들이다. 루미나는 백인 학생과 소수민족 출신 학생 간의 대학 진학률 차이를 줄이는 데에도 힘쓰고 있으며, 이로써 경제적 불평등을 줄이는 효과를 기대할 수 있다.

한편 루미나의 접근 방식에는 우리가 여태까지 살펴보았던 것과 상당히 다른 점이 한 가지 있다. 루미나는 학생들이 무엇을 배워야 하는지 고려하는 대신 학생들이 실제로 무엇을 배우는지에 초점을 맞춘다.

명문 대학의 교수들은 자신이 원하는 것을 가르치는 데 우선 집중한다. 그 다음 여유가 있을 경우 학부생들이 어떤 전공 강의를 들어야 할지에 신경을 쓴다. 사실 대다수 학생은 대학원에 진학할 계획이 없는데도 교수들은 대체로 학부 전공 수업을 대학원 연구의 준비 과정으로 여긴다. 학생은 학생대로 어떤 강의가 가장 평판이 좋으며 어떤 전공(또는 부전공이나 복수전공)을 택해야 졸업 후에 도움이 될지를 가장 중요하게 고려한다. 가끔은 교수진과 학부생들이 뜻을 모아 특정 강의를 개설하는 것을 지지하기도 한다. 하지만 기본적으로 어떤 강의든 전교생이 들어야 하는 필수과목으로 지정되는 경우는 거의 없으며, 일단 교육과정에 포함되면 엄청나게 다양한 선택과목 가운데 하나일 뿐이다. 이렇게 다양한 선택지와 학생들의 지식 사이에는 어떤 상관관계가 있을까?

루미나 재단은 교수진과 학생들의 욕구가 뒤섞이고 충돌하는 현실을 개선하기 위해 대학 교육에서 실제로 '부가가치'를 생산하는 요소를 측정할 방법을 찾고 있다. 정말 똑똑한 학생을 선발해 4년 동안 강의를 듣게 한 다음 학위를 주는 것만으로는 부족하다. 졸업장은 학생이 다른 똑똑한 학생들과 강의실에서 일정한 시간을 보냈다는 사실을 증명할 뿐이다.

그렇다면 대학 교육이 학생의 지적 능력에 도움이 되는지는 어떻게 알 수 있을까? 루미나 재단의 대표이사 제이미 메리소티스Jamie P. Merisotis는 학업성취도를 평가하는 것이 "학위 수여의 타당성과 가치를 확인하는 데 절대적으로 중요하다"고 강조했다.

사실 고등학교를 졸업한 학생이 계속 교육을 받고자 할 때 고를 수 있는 선택지는 상당히 다양하다. 그런데 이들 모두가 굳이 학사 학위에만 초점을 맞추는 것은 옳지 않은 일이다. 고등학교를 졸업한 학생은 자동차공학에서 미용술, 소프트웨어 개발, 민속음악에 이르기까지 수많은 분야에서 수료증이나 자격증을 받을 수 있다.

하지만 '대졸'이라는 자격은 어떠한가? 근 200년간 대학을 나왔다는 것은 실용적 목적뿐 아니라 직무와 관련이 있든 없든 앞으로 계속 더 많은 교육을 받기 위한 준비 과정으로서 '교양과목'을 이수했다는 뜻이었다. 그러나 오늘날엔 대학이 단순히 고등학교를 졸업하고 받는 교육의 한 형태라고 생각하는 사람이 많다. 물론 인재를 기르는 직업훈련이 중요해진 현실에 비춰 이런 생각이 당연한 변화라고 보는 사람도 있다.

그러나 보수 논객들은 고등학교를 졸업한 학생들이 자연스럽게 대학에 진학하는 현실을 강력히 비판한다. 대다수의 청년이 18세를 넘겨서도 학교에 남는다는 것은 비현실적이라는 것이다. 또한 이들은 대학이 모두를 위한 곳이 아니며, 그렇게 되면 대학의 수준이 떨어지고 진정한 가치를 잃게 된다고 주장한다.

하지만 우리는 날로 높아지는 대학 진학률이 어디에서 기인했는지 짚어볼 필요가 있다. 조지타운대학교 교육인력센터 소장 앤서니 카니발리Anthony Carnevale는 다음과 같은 연구 결과를 발표했다. "2018년 무렵이면 전체 일자리 중 63%의 직업에서 대학 교육 또는 직업훈련이 필요해질 것이다. 1970년대 중반만 해도 이 수치가 30%였던 점을 생각하면 이는 매우 커다란 변화다."[25] 보수 인사들은 우리가 지나치게 많은 학생들에게 대학 문을 열어두고 쓸데없는 교육을 연장하고 있다고 불만을 표하지만, 루미나 재단과 조지타운의 이 같은 연구 결과는 앞으로 고급 기술을 지닌 인력이 훨씬 더 많이 필요해질 것이라고 반박한다. 국가 경쟁력 확보를 위해 화학을 전공한 바텐더가 필요한 것은 아니지만, 시대가 변하고 사회가 발전함에 따라 과학적 지식을 아는 사람이 점점 더 많이 필요해진다는 뜻이다.

루미나 재단의 메리소티스는 직업교육으로 대학의 수준이 떨어진다는 주장에도 반대 의견을 내비치고 있다.

"대학은 직업을 얻기 위한 과정이 아니라는 낡은 생각을 이제는 버려야 합니다. 당연히 직업을 위한 것이죠. 물론 그것이 전부는 아니지만, 직업훈련은 대학의 목적 가운데 하나임을 부정하기란 사실 점점 어려워지고 있습니다. 교육은 삶이 변하고 직업이 진화하고 새로운 기회가 생겼을 때 학생이 어떤 방식으로든 적응할 수 있도록 도움을 주어야 합니다." [26)]

세월이 흐르고 생활 방식이 변하면 사람들이 그에 적응할 수 있도록 미리 대비시켜야 한다는 메리소티스의 말은 벤저민 프랭클린 이후 교양교육이 목표로 삼았던 방향과 거의 일치한다.

전미대학연합(AAC&U)은 대학에서의 직업훈련이 대학 졸업 후 사회에서 얼마나 큰 효과를 발휘하는지를 증명해 루미나의 주장을 뒷받침했다. AAC&U는 몇 가지 기획을 통해 교양 시민 양성과 경제 활성화, 보편적 문화 형성에 대학 교육이 필수적이라는 사실도 입증했다. 이들은 폭넓은 교양교육이 사회적 책임을 강화하며 다양한 학문에 대한 기본 소양을 제공해 학생들로 하여금 세계화된 경제 상황에 대비하도록 한다. [27)] 이에 따라 현대 교양교육은 강의에서 배운 여러 가지 기술을 하나로 통합하고 이것을 학교 밖 현장에서 응용할 줄 아는 능력에 중점을 둔다. 루미나와 AAC&U은 직업교육을 강조하면서도 대학 학위가 지닌 의미와 가치가 퇴색하지 않도록 노력을 기울였다. 이런 노력의 궁극적 목표는 학생들이 교양교육에서 얻은 전통적 가치를 사회에서 맞닥뜨리는 실제 과제와 조화시키는 데 있다.

루미나는 "학생의 전공이 무엇이든 학위를 받기 위해 충족해야 할 최소한의 기준"으로 널리 통용될 수 있는 표준 자격 요건을 제시했다. 여기에는 폭넓은 통합 지식, 전문 지식, 지적 기량, 응용력, 시민 정신 등 다섯 가지 요소가 꼽혔다. 각 교육기관은 이를 기반으로 학생들이 정말로 발전했는지를 명확히 보여줄 평가 기준을 개발하게 된다. 학생들도 마찬가지로 졸업장을 따기 위해 갖춰야 할 역량이 무엇인지 정확히 이해할 필요가 있다.

한편 틸 재단(Thiel Foundation)은 교양교육을 완전히 버려야 한다고 주장한다. 이들은 엄청난 속도로 변화하는 기술과 경제를 생각하면 뛰어난 학생들에게 이런 교육을 받게 하는 것은 별 가치가 없다고 여긴다. 스탠퍼드대학에서 학사학위를 받고 동 대학 로스쿨을 나온 피터 틸Peter Thiel은 교육계에 거품 현상이 일어나고 있다고 강경하게 주장하는 인물 가운데 하나다.

학위를 따는 데 드는 돈은 정부의 학자금 대출 지원 등 인위적 요인으로 인해 계속해서 치솟고 있다. 틸의 주장에 따르면 학부모는 자녀를 대학에 보내는 것을 투자라고 생각하지만, 이는 사실 소비 행위에 지나지 않는다. 실제로 미래를 준비하기 위해서가 아니라 대학이 제공하는 경험을 맛보기 위해 대학 입학을 선택하는 학생도 많기 때문이다. 사실 이것도 완곡하게 표현한 것이다. 틸은 대학이 4

대학의 몰락

년짜리 파티라고 잘라 말했다.

그는 돈을 내는 학부모들이 이 점을 알아야 한다고 생각했다. 학부모들은 학생의 미래에 투자하는 것이 아니다. "부동산 시장이 그랬듯 대학도 미래를 위한 투자라는 광고 문구를 내세운다. 하지만 대학이 4년짜리 파티일 뿐인 지금 상황에서 등록금은 사실 소비일 뿐이다. 거대한 수영장이 딸린 집을 사는 것이 사실 투자가 아니라 소비일 가능성이 높은 것과 마찬가지인 것이다." [28]

대학을 투자 개념으로 보는 이런 틀 안에서는 당연히 돈이 가장 중요한 요소로 작용한다. 물론 틸 역시 고등학교만 나온 사람에 비해 대졸자가 두드러지게 많은 연봉을 받는다는 사실을 잘 알고 있었다. 하지만 그는 이런 현상이 일어나는 이유를 대학이 학생의 역량을 키워서가 아니라 애초부터 성공할 가능성이 높은 인재들을 골라 데려가기 때문이라고 분석했다. 또 틸 외에도 많은 사람들이 이런 점을 지적한다.

틸은 대학에 가지 않기로 한 사람들을 대상으로 장학기금을 설립해 세간의 이목을 끌기도 했다. 틸 재단은 20세 이하 청년 20명에게 10만 달러(2015년 현재 한화 약 1억 원)씩을 지급해 "혁신적 과학ㆍ기술 프로젝트를 수행하고 기업가 정신을 배우며 미래 지향적 회사를 세울" [29] 기회를 준다. 이 프로그램 참가자들은 기업가와 과학자,

선구적 사상가들을 멘토로 삼을 수 있다. 세심히 구성된 이 장학 프로그램은 고루한 분위기의 기존 대학을 대신할 혁신적 대안으로서 미디어의 주목을 받았다. 재단의 보도자료에서 틸은 다음과 같이 밝히고 있다.

> "자칭 권위자들과 사서 걱정하는 사람들은 대학을 나와야만 성공할 수 있다고 주장한다. 그러나 사실은 뿌리 깊은 문제를 끈질기게 파헤치는 탐구심만 있다면 대학 연구실에 버금가는 성과를 내고 세상을 바꿀 수 있다… 1665년 흑사병으로 케임브리지대학교가 문을 닫았을 때 아이작 뉴턴은 스스로 공부하며 시간을 보내다 미적분을 발견했다. 정말 중요한 것은 변화를 일으키고자 하는 추진력이다."[30]

자기 주도, 추진력, 기꺼이 위험을 무릅쓰는 모험심(그리고 실리콘밸리에서 대주는 자본)이야말로 오늘을 살아가는 청년이 지녀야 할 이상적 특징으로 꼽힌다. "이들은 지금이 아니면 안 되는 아이디어를 지닌 이들이다. 세상을 바꾸고 싶어 하며 자기 나름의 방식으로 이미 일에 착수한 사람들이다." 틸은 이런 청년들에게 대학 교육은 방해가 될 뿐이라고 주장했다. "재단이 말하고자 하는 바는 사실 굉장

174

대학의 배신

히 머리가 좋고 재능 있지만 대학에 갈 필요가 없는 사람도 있다는 것이다."

어떻게 보면 고등교육은 전통과 실험적 시도, 균형에 관한 논의에서 꽤나 멀리까지 온 셈이다. 틸이 추구하는 혁신에는 물론 지성도 필요하다. 하지만 그가 생각하는 성공에는 포괄적인 사람보다 집요한 사람이, 폭넓은 교양교육보다는 즉시 실현해야 할 아이디어가, 또 그에 걸맞은 전문가의 '멘토링'이 더욱 필요하다.

앞서 앨런 블룸은 대학이 학문의 가치를 판단할 책임을 저버렸다고 주장했다. 그의 주장에 이어 대학이 채우지 못한 교육의 공백에 대한 온갖 비판이 쏟아졌다. 여기에는 대학 교육이 근본으로 돌아가야 한다는 주장도 있었고, 민주주의를 위해 대학 교육을 확대하고 졸업 인증 제도를 확립해야 한다는 의견도 있었다. 한편 빠르게 변화하는 기술 중심 사회에는 대학 교육 자체가 어울리지 않는다고 말하는 이도 있었다.

어쨌든 오늘날 대부분의 대학이 무엇을 가르칠지 정할 능력을 상실했다는 블룸의 지적은 옳았다. 이 임무는 교수의 몫이지만, 교수들이 자기 전공 분야에 초점을 맞추는 것도 어쩔 수 없는 일이다. 또 고도로 전문화된 교육을 받은 탓에 교수들은 교육과정을 전체적으로 검토하기 어려운 면도 있다. 한편 대학 당국은 후원자들의 비위를 맞춰야 하는 입장에서 논란에 끼어들기를 꺼린다.

1987년 당시 블룸은 전통을 고수하는 태도 탓에 보수적이라는 평가를 받았지만, 최근에는 오히려 좌파 인사들이 블룸과 비슷한 관점의 비판을 내놓고 있다.

예를 들어 루이 머낸드Luis Menand는 지난 10년간 일반교육의 본래 개념으로 돌아가자는 움직임이 있었음에도 학생들이 배워야 할 내용에 대해 어떤 합의도 이루어지지 않고 있다고 지적했다. 교수와 학생, 학교 당국이 동의하는 부분은 기껏해야 교양교육이 직업과 관련되어서는 안 된다는 것뿐이다. 머낸드는 이에 대해 다음과 같이 꼬집었다. "쓰레기는 쓰레기일 뿐이지만, 쓰레기의 역사는 학문이 된다. 회계는 직업이지만, 회계의 역사는 객관적 탐구의 대상, 즉 교양교육이라고들 한다." **31)** 그는 "대학은 학생에게 반드시 배워야 할 것의 기준을 제시할 의무가 있다"고 말했다. 한편 컬럼비아대학교 교수 앤드루 델반코Andrew Delbanco는 "학생들에게 무엇을 생각해야 할지 알려주는 대학이 거의 없다"면서 "극히 일부를 제외하면 대다수 대학은 심지어 학생들에게 생각할 가치가 있는 주제를 제시하는 것조차 꺼린다"고 지적했다. **32)**

대학의 몰락

다시 교양교육의 의미를 묻다

직업교육에 대한 사회적 요구가 점점 거세지는 가운데 교양교육은 '비(非) 직업교육'이라는 가느다란 통로로만 이해된다. 이런 상황에서 교양교육을 지지하는 사람들에게 다른 선택지가 있을까? 무엇을 반드시 알아야 한다고 주장할 수 없다면, 당장 써먹을 수도 없는 배움을 무슨 수로 변호한단 말인가?

그래도 얼마 전까지는 교양교육이 선망의 대상으로 여겨지던 때가 있었다. 들어가기도 힘든 명문대에 입학해 직업과 관련 없는 수업을 들을 수 있다는 것 자체가 지성의 상징으로 여겨졌다. 그러나 이러한 매력은 문화와 관습, 고급과 저급 사이의 경계가 점점 모호해지는 사회에서 곧 시들해질 수밖에 없다. 빅터 페럴Victor Ferrall은 2007년 연구를 인용해 다음과 같이 말했다. "대학 입학 예정자 가운데 92%가 사회 진출 대비를 매우 중요하게 여긴다고 답했으며, 학교를 선택할 때 교양교육을 들을 수 있는지를 기준으로 삼은 학생은 8%에 불과했다." 33)

학문이 그 자체로 배울 만한 가치가 있기에 배우는 것과 인기가 있어서 혹은 돈을 버는 데 도움이 되니까 배우는 것을 명확하게 구분하기도 어려워졌다. 하지만 이런 현상을 꼭 최근의 경제 위기 탓으로만 돌릴 수는 없다. 경기가 호황일 때에도 학생들의 출세주의 경향이 오히려 강해지는 것을 확인할 수 있기 때문이다.

3장에서 우리는 시대에 따라 다양한 형태로 변화해 온 교양교육과 이를 둘러싼 논란들을 살펴보았다. 19세기 중반 교육 개혁가들은 죽은 언어와 쓸모없는 암기식 교육에서 벗어나 진정으로 폭넓은 배움의 기반을 닦기 위해 교양과목의 변화를 꾀했다. 이들은 교육과 연구를 연결하려 노력했고, 직업훈련이 아니라도 얼마든지 실용적인 교육이 가능하다고 생각했다. 교양교육을 꼭 사회구성원에게 영향을 미치는 현실적 문제와 분리해서 생각할 필요는 없었다. 20세기 들어서는 교양교육을 당시의 경제, 사회, 정치적 문제와 연결하려는 시도가 이어졌다. 2차 세계대전이 시작될 무렵 등장한 일반교육은 이데올로기에 저항하고 급격한 산업화에 적응해 성공하도록 돕는 지적 도구 역할을 했다.

하지만 오늘날 사람들이 존경하는 인물상은 고도의 집중력과 기발한 아이디어로 벤처기업을 일으키고 투자자를 끌어 모으는 영웅적 기업가로 바뀌었다. 공교롭게도 혁신을 상징하는 미국 기업인 스티브 잡스와 빌 게이츠는 둘 다 대학을 중도에 그만두었다. 두 사람이 다양한 분야에 걸친 폭넓은 지식에 관해 뭐라고 말했든, 이들을 우러르는 사람들은 "자기 아이디어로 돈을 버는 데 필요한 것만 알면 된다"는 식으로 받아들인다.

그러나 교육을 이런 관점에서 바라보게 되면 재능 있는 소수는 혁신가가 될 수도 있겠지만, 그 외의 다수는 소비자로 남게 된다. 사람들은 시장에서 성공하는 것만을 중요하게 여기게 될 뿐이다. 이런 상황에서 직업과 아무 관련 없는 교육만이 최고의 교육이라고 주장하는 것은 생계를 걱정할 필요가 없는 유한계급의 시대착오적 생각이다. 이런 주장은 18세기에도 오늘날에도 통하지 않는다. 교양교육의 뿌리는 단순히 직업교육의 반대 개념으로 취급하기에는 깊고 단단하다. 오늘날 우리는 이 뿌리를 되살려 교양교육이란 무엇이며 왜 중요한지를 분명히 해야 한다.

04
자신과 사회를
변화시키는 교육

> 중요한 것은 자유로운 배움을 통해 다양한 형태의 삶에
> 가능성을 열어두는 마음가짐이다. 우리가 집중해서 보고 듣고 읽는 법을 배우는 것은
> 문화와 사회의 이중성을 밝혀내는 데 능숙해지기 위해서가 아니다.
> 우리는 다른 사람의 관점을 조금이라도 이해하려고 노력함으로써
> 부분적으로나마 자신의 무지를 극복하게 된다.

벤저민 프랭클린은 노동과 관계없이 고상함만 뽐내는 교육이란, 응접실에 우아하게 들어서는 법이나 가르치는 속물근성을 가리는 가면일 뿐이라고 꼬집었다. 그는 당장 활용할 수 없더라도 충분히 유용하고 폭넓은 교육 방식을 제안해 주목을 끌었다.

1800년대에는 라틴·그리스 고전을 암송하는 전통적인 교양교육을 지키려는 이들과 사회 문제를 해결할 과학적인 연구를 지지하는 사람들 사이에 한바탕 논쟁이 벌어졌다. 20세기 들어 연구 중심대학이 급성장하면서 고등교육의 발전을 주도했고, 그 여파로 일류대학들이 학부생 교육에 소홀해지는 결과를 낳기도 했다.

경제성장의 동력인 기술 발전에 전념하는 사회 분위기 속에서 '교양과목'과 '일반교육'은 논란을 불러일으키는 화제로 떠올랐다.

1960년대만 해도 상업적 가치로 환원할 수 없는 형태의 교육은 그 나름대로 대중의 지지를 얻고 있었다. 50년 전 마이크 니콜스 감독의 영화 〈졸업(The Graduate)〉에서 맥과이어는 "플라스틱에 미래가 있다"는 말을 계속해서 반복한다. 감독은 맥과이어를 통해 물질 만능주의에 젖은 기성세대를 풍자했다. 교양교육의 개념과 그 효과가 완전히 정립되지 않았던 시기였지만, 당시 교육자들과 대중은 여전히 균형 잡힌 교육과 비판적 사고를 높이 평가했다.

20세기를 거치며 대학 학위를 받으려는 학생들의 수는 급격히 증가했다. 이 때문에 대학 교육을 받으려는 사람이 필요 이상으로 많다고 비판하는 이들이 꽤 많다. 이들은 저임금 업종에 종사할 사람들이 문학이나 역사를 배울 필요가 있는지 의문을 표한다. 또한 왜 젊은 벤처기업인들이 자신의 웹 기반 아이디어를 상품화하는 데 필요한 것 이상의 교육을 받아야 하느냐고 질문을 던진다. 이들이 보기에 우리는 모두 교육 시장에서 자신이 아는 것, 또는 알고 싶은 것을 골라 담은 '재생 목록(playlist)'을 사고파는 사람들이다. 대기업에서 더 좋은 자리를 얻는 데 필요한 자격만 따면 되는 사람이 무엇 때문에 역사나 생물학, 정치학을 배우겠는가?

오늘날의 세상은 곧바로 핵심으로 들어가는 것을 권한다. 금융권에선 '중개 배제(dis-intermediate)'라는 말을 쓰는데, 거래에서 중개 역할을 하는 단계를 건너뛰어 거래를 활성화한다는 뜻이다. 사람들은 교육에 관해서도 마찬가지로 '파괴적 혁신'을 통해 교양교육을 중개 배제할 수 있다고 이야기한다. 오늘날이라면 영화 〈졸업〉의 맥과이어는 고등학교를 졸업하는 젊은이에게 '디지털 미디어'나 '어플리케이션'이라고 속삭일지도 모른다. 하지만 요즈음 관객들이 과연 이것을 풍자라고 생각할까?

맞춤식 교육, 특히 경제적 형편이 그리 좋지 않은 학생들을 위한 교육에 대한 요구는 꽤 오래전부터 존재했다. 예를 들어 1906년 매사추세츠 주 산업 기술 교육위원회(Massachusetts Commission on Industrial and Technical Education)는 고등학교 교육을 두 가지로 분리하는 이원(二元) 교육안을 내놓았다. 일부 학생들은 산업 발전에 필요한 직업교육을, 다른 학생들은 대학 진학을 준비하며 폭넓은 교육을 받는 제도였다. 그 후 10년간 상공회의소와 노동단체를 비롯한 여러 이익 단체가 정부의 직업교육을 지지하고 나섰다.

이러한 움직임에 정면으로 반대한 이들 가운데에는 애초에 기술교육을 교육과정에 포함시키는 개념을 내놓았던 철학자 존 듀이가 있었다. 듀이는 이런 방식이 사회적 불평등을 악화시킨다는 이유로 이원 교육제도에 반대했다. 이 제도하에서 폭넓은 교육에 적합하지 않다고 판단된 학생들에게는 당장 산업계에 필요한 기술을 배우는 것 외에 선택의 여지가 없었다.

듀이의 주장은 사람들이 직업과 관련 없는 교육만을 받아야 한다는 것이 결코 아니었다. 듀이는 거의 모든 사람이 돈을 벌 수 있는 일자리를 찾아야 하며 교육은 이를 준비시키는 역할을 해야 한다는 점을 잘 알고 있었다. "우리가 사는 세상은 거의 모든 이가 무언가 일을 하고 직업을 갖는 세상이다. 어떤 이는 관리자가, 어떤 이는 부하 직원이 된다. 하지만 모든 사람은 각자 자기 일에서 크고 인간적인 의미를 발견하도록 도와주는 교육을 받을 필요가 있다." [1] 교육은 '크고 인간적인 의미'를 발견하는 능력을 키워 주는 것을 목표로 삼아야 한다. 그럼으로써 인간이 산업 제도 안의 톱니바퀴로 전락하는 일을 막을 수 있다. "내가 관심 있는 직업교육은 현존하는 산업 체계에 노동자를 끼워 맞추는 교육이 아니다. 나는 그런 일을 용인할 만큼 지금의 체계를 사랑하지는 않는다." [2]

존 듀이는 교육에 관심을 기울인 20세기 미국 철학자 가운데 가장 중요한 인물이다. 물론 듀이는 지금과 무척 다른 시대를 살았고 주로 초·중등교육에 집중하는 경향이 있었지만, 그가 정립한 교양 교육 개념은 오늘날까지도 고등교육에 커다란 영향을 미치고 있다. 듀이는 자유로운 탐구를 인위적으로 제한하며 비민주적이라는 이유로 인문 고전에 초점을 맞춘 교육에 반대했고, 똑같은 이유로 새로운 형태의 직업교육에도 반대했다. 그는 폭넓고 성찰적이며 실용적인 교양교육을 되살리는 데 힘을 쏟았다.

듀이는 남북전쟁 직전에 태어나 한국전쟁이 한창일 때 세상을 떠났다. 그는 새롭게 떠오르던 연구 중심 대학에서 지적 성숙에 이르렀고 존스홉킨스에서 박사학위를 받았다. 미시건대학교에서 교편을 잡았던 듀이는 1894년 교수직을 제안받고 시카고대학교로 떠났다. 약 10년 뒤 자신이 설립한 부설 사립학교인 랩 스쿨(Lab School)의 통제권을 두고 시카고대학교 총장 윌리엄 레이니 하퍼William Rainey Harper와 대립하던 듀이는 컬럼비아대학교로 자리를 옮겨 은퇴할 때까지 그곳에서 일했다. 말년에 낸 저서만 해도 열일곱 권에 이를 정도로 그는 엄청난 양의 저작을 남겼다. 하지만 여기서는 오늘날 교양교육을 재정립하는 것과 특별히 관련 있는 핵심 개념에 초점을 맞추기로 한다.

18세기 이래로 교육은 항상 개인의 자율성과 깊은 관련을 맺어왔다. 교육을 받을수록 우리는 자기 힘으로 결정하는 능력을 높이고 권위에 종속되어 고통받을 가능성을 낮출 수 있다. 듀이는 이런 교육의 사회적 측면을 특별히 강조했다. 시카고로 옮긴 뒤 듀이는 제인 애덤스의 사상, 특히 생각과 행동 또는 이론과 실천 사이의 강한 유대라는 개념에 큰 영향을 받았다. 사실 혼자 머릿속으로 문제를 전부 해결하고 이를 그대로 실천하는 사람은 거의 없다. 사람들은 대개 집단을 이루어 새로운 것을 시도하고, 여기서 배운 것을 토대로 방향을 수정해 다시 시도하는 일을 반복한다. 이러한 실험 과정의 초점은 개인이 아니라 사회적 관계에 맞추어져 있다. 1897년 듀이는 이미 교사의 역할이 "단순히 개인을 훈련시키는 것이 아니라 적절한 사회성을 키워주는 것"이라는 주장을 내놓았다. 우리가 교육을 받는다고 바로 자기 신뢰에 이를 수 있는 것은 아니며, 생각만 하던 것을 세상에 의미 있는 행동으로 옮겨 '인류의 사회적 의식' [3] 에 참여할 필요가 있다.

《민주주의와 교육(Democracy and Education)》(1916)에서 듀이는 계몽주의식 자율성 개념에 정면으로 맞섰다.

> "사회적 관점에서 보면 의존은 나약함이 아니라 힘을 의미한다. 사회적 의존은 상호 의존이라는 형태로 나타나기 때문이다. 개인이 자립하면 할수록 사회성이 떨어질 위험은 언제나 존재한다. 자기를 신뢰하는 사람일수록 자기 외에 다른 것은 필요 없다고 생각하기 쉬우며, 이는 사회에 대한 냉담과 무관심으로 이어질 수 있다. 이런 사람은 타인과의 관계에 무감각해진 나머지 자신이 홀로 살아갈 수 있다는 환상에 빠지기도 한다. 이러한 모종의 광기는 세상에 불

필요한 고통을 초래하기 십상이다." [4)]

듀이의 관점에서 보면 교육은 학생들이 상호 의존을 기꺼이 받아들일 때에만 가능한 일이었다. 상호 의존은 성장하며 벗어나야 할 것이 아니라 오히려 잘 가꾸어야 할 관계다. 사람들이 서로 의존하는 것은 인간의 '적응성'과 관련되어 있기에 긍정적으로 작용한다. 적응성이란 "경험을 통해 배우는 능력, 한 가지 경험에서 무언가를 배워 나중에 어려움에 처했을 때 활용할 수 있도록 간직하는 힘" [5)]을 가리킨다. 교육을 받으며 우리는 주변 세상에서 받은 영향, 그리고 다른 사람과의 관계를 마음에 간직한다. 다시 말해 우리는 세상을 헤쳐나가는 데 도움이 될 습관을 기른다는 뜻이다.

우리가 적극적으로 새로운 자극을 찾고 관계를 돈독히 하는 한 이러한 배움은 계속 효과를 발휘할 수 있다. 그러나 주변 환경에 순응하고 현재 상태에 자신을 맞추는 습관을 들인다면 우리는 새로운 배움을 포기하는 데 익숙해진다. 이런 결과는 비교육적일 수밖에 없다. 자신과 사회를 변화시키는 능력을 잃는다면 우리는 지금 당장만 사회에 쓸모 있는 부품이 될 뿐이다. 우리를 둘러싼 세상이 크게 변하지 않는 한 순간의 현실에 적응하는 능력도 나쁘지 않을지 모른다. 하지만 적어도 지난 이백 년을 되돌아보면 세상이 변하는 속도가 더욱 빨라지고 있다는 것은 분명하다. 따라서 어느 한 순간만 보고 세상에 순응하는 것으로는 늘 부족하기 마련이다.

듀이의 관점에서 교육은 더 많은 교육, 다시 말해 상호 의존이라는 맥락 안에서 끊임없이 배우는 능력을 키우는 것을 목표로 삼는다. "삶 자체에서 배우는 것, 모든 사람이 살아가는 과정에서 무언가를 배울 수 있는 삶의 환경을 만드는 것이야말로 교육에서 얻을 수 있는 최고의 결실이다." **6)** 살아가는 과정에서 배운다는 것은 경험을 기반으로 자신의 행동을 수정한다는 뜻이다. 또 무언가를 시도해 보고 공동 작업을 통해 방향을 조정한다는 의미이다. 우리는 세상에 나가 무언가를 하기 위해 교육을 받는 것이 아니다. '세상에 나가 무언가를 하는 것'과 '교육을 받는 것'은 둘 다 같은 과정의 일부이며, 어느 하나가 다른 것보다 앞서지 않는다. 어떤 정해진 일 하나를 하기 위해(대개 남을 위해서) 배워야 한다는 것은 사회(또는 교실이나 시장)에서 남이 정해준 역할에 충실해야 한다는 것과 다르지 않다. 순응은 배움의 적이다. 순응하기 위해서는 경험에서 배우는 능력을, 자신의 적응력을 제한할 수밖에 없기 때문이다.

의심은 순응을 방지하는 수단이 된다. 현재 상황, 또는 남들이 당연히 그래야 한다고 말하는 것에 대한 의심은 탐구심을 불러일으키기 때문이다. 듀이에게 확신은 탐구의 '목표'가 아니라 '적'이었다.

"발명과 발견은 인간이 의심을 탐구라는 목적에 활용할 수 있다는 사실을 깨달은 다음부터 체계적으로 발전하기 시작했다." [7) 의심은 사실을 알아내려는 의지와 만나 창조성을 띠게 되고, 이 알고자 하는 의지는 더 많은 탐구와 실험을 이끌어낸다. 탐구는 더 많은 질문과 실험, 더 많은 배움으로 이어져야 한다. 배우는 데는 언제나 위험이 따르기 마련이며, 그 위험이 지닌 에너지를 창조적 목적에 활용하는 것은 교육자의 몫이다.

실용주의에 관한 논란 :
과거는 현재를 위해, 교육은 현실을 위해

듀이의 실용적 교육관은 교육의 앞을 내다보는 특성, 다시 말해 교육이 완벽히 미래지향적이라는 점을 강조한다. 앞서 살펴보았듯 교양교육은 개인의 자유와 자율성을 확보하고 의미 있는 일을 찾을 능력을 강화하는 것과 관련되어 있다. 그러나 한편으로는 학생들에게 과거의 위대한 지적, 예술적, 정치적 유산을 접하게 해주는 역사적 기능도 빠질 수 없는 요소였다.

사실 전통은 듀이의 교육관에서도 상당히 중요한 역할을 한다고 볼 수 있다. 과거는 현재를 탐구할 기반이 되어주기 때문이다. 과거 사람들이 자기 시대의 문제에 어떻게 대처했는지를 살펴보면 현재 우리 앞에 놓인 과제를 더욱 명확히 이해할 수 있다. 듀이는 아이들이 아주 어릴 때부터 과거에 대해 배운 다양한 사실에서 의미를 끌어내는 법을 배워야 한다고 주장했다. 과거의 사실은 현재 상황과 연결되어 비로소 의미를 지니게 된다. 역사 연구가 더 정교해지면 학생들은 다양한 자료에서 패턴을 찾아내는 일의 가치를 배우게 된다.

하지만 듀이는 현재가 무엇보다 중요하다고 생각했다. 우리는 현재의 문제를 해결하는 데 도움이 될 것을 찾기 위해 과거를 이해할 필요가 있다. (과거 자체의 가치에는 관심이 없는 듯 보이는 듀이의 문제 지향적 접근 방식은 역사학자들의 분노를 샀다. 역사학자들의 지적은 일리가 있지만, 그가 현재에 도움이 되기만 하면 과거를 제멋대로 해석해도 상관없다고 생각하는 완벽한 상대주의자라는 비판은 옳지 않다. 사실 듀이는 다른 모든 지식과 마찬가지로 역사적 지식도 절대적이지 않기에 수정 가능하며, 인간의 현재 관심사나 욕구에 도움이 되어야 한다고 주장한 것이다.)

우리는 과거의 사건에 관해 어떤 주장을 펼칠 수 있지만, 그것을 연구하면서 이 주장이 수정될 여지가 있음도 인식할 필요가 있다. 이때의 주장은 과거를 정확히 알아내는 것이 아니라, 현재 중요한 질문의 답을 구하는 과정으로서의 역할을 한다. 듀이는 1917년에 쓴 책에서 이를 다음과 같이 표현했다. "그러므로 회상보다는 예측이, 과거 자체보다는 미래가, 뒤를 돌아보는 것보다 앞을 내다보는 것이 중요하다." 역사는 미래를 위한 탐구에 활용될 수는 있지만, 과거 자체를 정확히 이해하는 것은 불가능하다. "상상력을 발휘해 지나간 일을 재구축하는 것은 미래에 성공적으로 진입하는 데 필수적이지만, 이것은 결국 도구 역할을 할 뿐이다…. 과거를 분리해 과거 자체의 가치를 곱씹으며 고귀한 지식이라고 찬미하는 것은 실질적 지식 대신 옛 시대의 추억에 매달리는 것에 지나지 않는다."[8] 실용주의적 관점에서 우리는 과거를 이해하려 노력하되 그러한 시도가 현재를 위한 것임을 잊지 않아야 한다.

　듀이의 실용주의에 반대하는 이들은 듀이가 있는 그대로의 과거를 존중할 줄 모른다고 비난한다. 또 이들은 교육이 미래에 성공적으로 진입하는 것을 도와야 한다는 개념에도 회의적이다. 과거를 식민지 삼고 현재의 목적을 위해 파헤친다는 것은 비윤리적이지 않을까? 미래에 진입하려는 노력은 호르크하이머Horkheimer와 아도르노Adorno가 언급했던, 기술과 계몽주의가 부른 "재앙의 승리"로 변질되지 않았는가? 듀이는 과거를 존중하라는 요구를 "이미 섬유질밖에 남지 않은 과거를 되새김질하는 일"이라며 단호히 거절했다. 더불어 미국의 문제와 그에 걸맞은 행동 원칙을 인식하는 데 철학보다 실용적인 대안이 없다고 주장했다. 1917년 그는 이렇게 말했다. "행동 방향을 수정하고 지식을 확장하고 싶다면 바로 지금이 낡은 해결책뿐만 아니라 낡은 문제까지도 기꺼이 포기해야 할 때다."[9]

20세기 중반 이러한 실용적, 현실 지향적 접근 방식은 실제로 역사 연구를 활성화하는 역할을 했다. 찰스 비어드Charles Beard와 메리 비어드Mary Beard, 멀 커티, 리처드 호프스태터Richard Hofstadter 같은 역사학자들은 듀이의 관점이 역사학계의 무익한 과거 예찬론을 일소하는 데 도움이 되리라 여겼다. 실용주의에서는 과거를 기술하려면 반드시 현재의 관심사에서 출발해야 하며 현재와 관련된 특정한 목적을 추구해야 한다고 말한다. 듀이는 이런 관점이 상대주의로 이어지는 것이 아니라 탐구의 맥락을 인식하도록 이끌어준다고 생각했다. 역사 연구의 진정한 의미는 우리가 현재 마주한 문제에 대처하도록 도와준다는 데 있었다.

한편 원래 역사학자가 아닌 철학자였던 듀이는 〈철학 부흥의 필요성(The Need for a Recovery of Philosophy)〉(1917)에서 철학이 지식에 관한 일반적 문제에서 인간에 관한 문제로 탐구 방향을 돌려야 한다고 촉구했다. 이 에세이는 현실을 있는 그대로 반영한 지식이 아니라 개인적·사회적 문제로 시선을 돌려야 한다는 실용주의

선언이었다. 듀이는 철학자들의 역할을 강조했다. "철학자들은 인간의 생각을 명확히 하고 바로잡는 데 도움이 되는 방향으로 나아가지 않으면 삶이라는 현실에서 점점 더 멀리 벗어나게 될 것이다."라고 말했다. 듀이에게 실용주의란 "앞으로 다가올 미래와 지성 사이의 본질적 관계를 명확히 보여주는, 경험에 기반을 둔 이상"을 추구하는 것이었다. 지식 자체에는 아무런 문제도 없으므로 철학은 계속 인식론에만 매달릴 필요가 없었다. 진짜 문제는 사람들의 행동과 그에 따른 고통에 있었기에 철학은 "미래에 더 나은 길을 택하고 나쁜 길을 피하는 데 참고가 될 만한 전망"을 제시해야 했다.

"철학은 이제 철학가들의 문제를 다루는 도구여서는 안 된다." 듀이는 이렇게 썼다. "철학가들의 손을 거쳐 인간의 문제를 다루는 방법으로 거듭날 때 철학은 제 모습을 회복할 수 있다."[10] 여기서 '철학'의 자리에 '교육'을 대신 넣어보면 교양교육에 대한 듀이의 생각을 어느 정도 짐작할 수 있다. 교육은 인간의 문제를 다루어야 하지만, 앞서 듀이가 단순한 기술적 훈련에 반대한 것을 보면 알 수 있듯 우리는 교육으로 사소한 문제를 해결하는 데만 집중해서는 안 된다. 교육을 통해 가장 진지한 인간적 문제를 다룸으로써 우리는 자신의 삶과 우리를 둘러싼 세계를 바꿀 수 있게 된다.

듀이는 에세이를 다음과 같이 마무리했다. "우리는 실용적 이상주의를 자랑스럽게 여긴다. 이는 아직 실현되지 않은 가능성에 대한 살아 있는 믿음이자 가능성을 실현하기 위해서라면 기꺼이 희생하려는 자세를 가리킨다."

실용적 이상주의는 20세기 초에 보든 칼리지(Bowdoin College) 총장이, 약 30년 뒤에는 간디가 사용한 표현이며 현재 내가 몸담은 웨슬리언대학교의 정신을 잘 표현한 말이기도 하다. 이 문구에는 현대 교양교육의 모순과 지향점이 고스란히 담겨 있다. 하지만 듀이는 그럴듯한 문구에 지나치게 도취되어서는 안 된다고 경고했다. "항상 사람들은 편협한 현실적 선택을 한 뒤 이상화를 동원해 감상과 이론으로 자신의 잔인함을 덮어 왔다." 그는 이상과 감정으로 자신의 이기심을 가리는 함정에 빠지는 것을 경계했다. 교양교육은 애써 얻을 만한 가치가 있는 미래를 상상하는 지적·도덕적 능력을 계발하는 동시에, 그 미래를 실현하기 위한 도구를 창조하는 능력을 향상시켜야 한다.

듀이가 교육에 관해 쓴 글은 주로 대학이 아니라 초·중등교육과 관련되어 있다. 하지만 1944년에 발표한 짧은 에세이에서 그는 대학 교육과정에 본질적으로 인본주의적인 과목은 없다고 강조했다.[11] 우리는 학생들을 자유롭게 할 목적으로 교육할 수도, 단순히 기계적으로 훈련시킬 수도 있다.

전통적으로 교양교육은 여가를 위해 교육받는 사람과 일하기 위해 교육받는 사람이 따로 있다는 개념에 기반을 두고 있었다. 물론이 말은 현대에는 통하지 않는다. 그리고 이 개념을 버리고 나면 하나의 질문이 남는다. 사람들이 개인적, 사회적 삶을 사는 동안 계속해서 배움을 이어나가려면 어떤 교육이 필요한가?

전통적 방식만으로는 탐구 능력을 계발하는 데 충분치 않다. 이 능력을 키우려면 각 과목이 인문학적 원천과 영감에 연결되어야 한다. "민주 사회에서 교양 대학이 마땅히 갖춰야 할 기능을 확립하는 문제는 지금 사회적으로 필요한 기술 과목에 인문학적 방향성을 접목하는 문제와 관련되어 있다. 기술 과목이라고 인문학과 '본질적으로' 배타적일 이유는 없다. 오히려 기술은 인본주의적 원천과 영감에서 멀어지면 인간을 자유롭게 할 능력을 잃는다. 인간적인 삶의 현실과 연결되어 있지 않은 지식은 극도로 기술적인 형태로 변하고 만다." 자유 교양교육은 우리가 살아가는 세상에 필요한 것과 문제를 파악하는 능력을 서로 연결함으로써 비로소 인간을 자유롭게 할 수 있다. 배움 자체를 위해 배운다는 원동력은 같지만 교양교육이 현학과 다른 점은, 배움에 대한 사랑을 우리 시대의 문제와 연결한다는 차이가 있다. 그렇게 함으로써 교양교육은 더 깊은 탐구를 이끌어내 배움의 선순환을 완성한다.

듀이가 당시 미국에서 가장 중요한 실천적 지식인이었음은 분명한 사실이다. 역사학자 헨리 스틸 코머저Henry Steele Commager가 듀이에 대해 내린 평가는 잘 알려져 있다. "자신의 철학적 신조에 충실한 삶을 살았던 듀이는 미국인의 지도자이며 멘토이자 양심이었다. 한 세대 동안 듀이의 개입 없이 해결된 중요 사안은 없다고 말해도 무방할 정도다." 마찬가지로 역사학자인 클로펜버그Kloppenberg는 이렇게 기록했다. "그가 사망한 1952년까지 실용주의를 빼놓고 현대 미국 사상사를 논한다는 것은 불가능한 일이었다." [12]

하지만 절정에 이르렀던 듀이의 영향력은 순식간에 사그라들었다. 연구 중심 대학을 기반으로 발전한 철학은 오래전부터 듀이에게 의심 어린 시선을 보내고 있었다. 2차 대전이 끝난 후 철학 분야는 정확성과 확실성을 추구하는 과학적 방법론을 도입하면서 급격히 '분석적' 특성을 띠게 되었다. 논리적 실증주의와 정확한 언어 분석은 듀이의 사상과는 거리가 멀었다. 분석 철학자들이 중요시한 전문성을 기준으로 보면 듀이는 아마추어로 보일 지경이었다. 마찬가지로 경험이 교육의 핵심이라는 듀이의 주장은 엄격함이 부족하다는 평가를 받았다. 뒤이어 교육학자와 학부모들도 듀이가 이끈 진보적 교육을 비판하기 시작했다.

또한 냉전을 정당화할 근거를 찾고 있던 기득권층 지식인들의 눈에는 실용주의자인 듀이가 내세운 제한 없는 탐구가 위험하리만큼 상대주의적인 개념으로 비쳤다. 이들은 절대적 진리를 알 수 없다고 주장하는 실용주의로는 '공산주의라는 악'의 위협도 파악할 수 없다고 생각했다. 한편 정치적으로 반대쪽 끝에 서서 미국 문화와 교육을 비판하던 이들은 듀이가 진보의 가능성을 지나치게 찬양한다고 여겼다. 1960년대 들어 뉴레프트는 듀이의 사상에 (사회적, 경제적, 또는 언어적) 심층구조가 드러나지 않으며 종말론이나 구원론적 요소가 없다는 점을 들어 충분히 급진적이지 못하다고 평가했다.

교양교육의 방향에 관한 다양한 논의

듀이가 사망한 후 쇠퇴했던 실용주의는 최근 철학을 비롯한 여러 분야에서 새롭게 각광받고 있으며, 이에 관한 책도 많이 나왔다. 누구든 이러한 부활에서 중추적 역할을 한 인물이 리처드 로티Richard Rorty라는 점에는 이견이 없을 것이다. 로티는 철학이 쇠퇴한 후 실용주의가 철학과 문화 사이의 연결고리 역할을 하게 된 흐름에 관해 독창적이면서두 설득력 있는 관점을 제시했다. 당시 폭넓게 논의되던 포스트모더니즘과 실용주의를 연결한 로티 덕분에 미국 철학은 분석 지향적 분야라는 벽을 넘을 수 있게 되었다. 로티는 일찍이 제임스와 듀이가 문화와 사회를 이해하는 데 가장 적합한 틀인 반(反)토대주의(antifoundationalism, 다른 지식의 토대가 되는 절대적 지식이 존재한다고 주장하는 토대주의에 반대하는 이론)를 정교하게 구축했다고 주장했다.

어떤 문장이 진실에 가까운가? 어떤 유형의 생각이 진정 과학적인가? 어떤 믿음이 이성적인가? 진리를 진정으로 사랑하는 것은 누구인가? 로티는 이런 질문이 모두 언어와 사고에 관한 오해에서 생겨났다고 생각했다. 이 오해는 특정한 형태의 언어와 특정한 형태의 사고가 다른 것들보다 세상과 더욱 긴밀히 연결되어 있다는 개념에서 비롯됐다. 만약 이것이 사실이라면 우리에게는 이 긴밀함을 측정하는 데 도움이 될 지적 훈련(이를테면 인식론)이나, 무엇이 진정한 진실인지 연구를 통해 결정해 줄 철학 전문가가 필요할 것이다. 《철학과 자연의 거울(Philosophy and the Mirror of Nature)》(1979)에서 로티는 철학이 정확성과 방법론, 또는 진실성을 결정할 수 있다고 주장하는 상징주의가 사상가들을 잘못된 길로 이끌었음을 역사적 관점에서 설명한다.

이미 분석 철학자들 사이에서도 이러한 접근 방식이 쓸모없다는 의견이 나와 있었다. 이런 비판이 시작될 무렵 로티는 세상을 그대로 비추는 거울이 아니라 도구로서의 언어라는 개념을 받아들였고, 다양한 맥락에서 이 도구가 어떻게 작동하는지 생각해 보아야 한다고 말했다. 어떤 문장이 언어가 가리키는 '진짜 사물'과 더 가까운지는 생각할 필요가 없었다. 그는 다른 인간적 특성과 마찬가지로 언어도 진짜 사물을 근본 삼아 생겨난 것, 또는 현실에 대한 반응으로 생각해야 한다고 촉구했다. 표상으로서의 언어라는 개념을 버리고 언어를 도구로 생각할 수만 있다면 철학자들을 사로잡았던 문제는 대부분 간단히 사라진다.

로티는 인식론이 종말을 맞으면 철학도 사라질 것이라고 말한 적도 있었다. 말할 것도 없이 동료 철학자들은 열렬한 반응을 보였다. 로티는 여전히 대학에는 철학 분야의 고전을 해석하는 데 뛰어난 사람들이 필요하다는 의미심장한 말을 남겼다. 대학에 19세기 영국 소설이나 중세 프랑스 시를 논하는 데 뛰어난 문학 교수가 필요한 것과 다를 바 없이 말이다. 그러나 많은 철학자들은 자신이 고전을 논하는 것보다 뭔가 더 중요한 일을 하고 있다고 여겼다. 다시 말해 그들은 자신이 문제를 해결하고 진보를 이루고 있다고 생각했다. 하지만 로티는 대학에서 철학자들이 몰두하는 문제는 대개 대중적으로 관심을 받지 못하는 주제라는 점을 지적했다. 또한 자기 분야에만 집중하는 철학자에게 진보란 중세 스콜라 철학자가 핀 위에서

춤을 추는 천사가 몇 명인지 드디어 알아냈다고 주장하는 것(헛된 것을 알아내려 애쓰는 것을 비유적으로 이르는 말)과 다를 바 없다고 꼬집었다.

분석철학은 기술적으로 변할수록 점점 유용성을 잃어 갔다. 대학 내(혹은 사회의 일반) 사람들은 아무도 철학과 안에서 무슨 일이 벌어지는지 신경 쓰지 않았다. 이런 현상을 보고 로티는 문화정치학(cultural politics, 문화적 행위나 문화 생산물의 성격을 지배, 종속 등 정치적 요소를 통해 이해하는 학문)으로서의 철학을 논하기 시작했다. 나아가 담론의 방향을 바꿔 철학의 바깥에서도 여전히 중요한 무언가를 제공할 수 있는 철학을 발전시키려 노력했다. 철학이 문제를 해결할 수 없다면, 적어도 듀이의 표현대로 '우리가 누구인지에 대한 인식을 바꿀 수 있는' 이야기를 들려줄 수 있어야 했다.

듀이의 영향을 받은 또 한 명의 철학자인 마사 누스바움Martha Nussbaum은 모든 단계의 교육에 교양교육이 필요하다고 강력히 주장해 왔다. 누스바움은 남들이 당연하다고 말하는 것을 의심하고 자기 자신을 비판적으로 성찰하는 소크라테스식 교수법을 강조한다. "자신의 활동 자체가 배움의 원천이 되는 것" [13]을 중시한 듀이의 교육관을 따라, 누스바움도 배움의 내용보다 그 과정에 초점을 맞춘다. 교육은 자율성을 키우며, 이는 다시 말해 수동성을 버리는 법을 배운다는 뜻이다. 그럼으로써 교육은 정치에 참여할 시민을 길러 낸다. 누스바움은 듀이의 말을 인용해 "무기력하게 수용하고 스스로를 통제하는 위치에서, 자신 있고 외향적인 에너지가 넘치는 위치로"[14] 자리를 바꾸는 것이라고 설명했다.

로티와 누스바움 등은 각각 교양교육을 구성하는 요소에 대한 관점은 달랐지만, 수동적 피지배층이 아니라 능동적 시민을 양성하려면 교양교육이 필요하다는 점에서는 의견을 같이했다. 이들의 교육관에는 "스스로 초래한 미성숙함으로부터 탈출하는 것"이라는 칸트의 계몽주의 개념이 매우 잘 어울린다. 하지만 이들은 아마도 탐구를 '희망'과, 협력 학습을 '자유'와 연관시킨 듀이의 말을 선호할 듯하다. 자기 성찰적인 동시에 실용적인 교양교육의 목표는 독립적이고 스스로 생각할 줄 알며 타인과 상호 관계를 맺으면서도 자신의 자립심과 자율성을 더욱 강화할 줄 아는 학생을 길러내는 것이다. 교육은 학생들이 예의를 지키며 논쟁할 줄 아는 시민으로 성장하도록 도와야 한다. 어떻게 보면 이것은 당연한 상식 같지만, 요즘 공론장에서 예의와는 확실히 거리가 먼 담론이 오가는 것을 보면 지나치게 이상적인 관점 같다는 생각도 든다.

로티는 시민을 양성하는 데 교양교육이 필요하다는 점에서는 누스바움과 의견이 같았지만, 한편으로 교육을 통해 자기 변혁을 이룰 수 있다는 낭만주의적 개념도 지니고 있었다. 로티는 에머슨이 언젠가 가장 위대한 미국 철학자로 평가되리라 예언한 듀이에게 강한 동질감을 느꼈다. 대학은 학생의 마음에 불을 붙이고 세상에 활기를 불어넣어야 한다던 에머슨의 말을 상기해 보자. 이 세 사람은 대학 수준의 교육은 단순히 지식을 전달하는 것이 아니라 탐구심을 자극해야 하며, 이 탐구에는 연구 활동이라는 실천이 뒤따라야 한다는 데 동의했다.

로티는 누스바움과 달리 이러한 탐구 활동이 어린 시절에 받은 점진적 교육의 기반 위에서는 이루어질 수 없다고 생각했다. 탐구에는 이러한 기반을 뒤흔드는 특성이 있기 때문이다. 탐구는 종종 어린 시절 사회화 과정에서 배운 도덕적, 정치적 상식을 의심하는 데서 시작된다. 로티는 자기 변혁에 대해 이렇게 말했다. "대신 직업과 관련 없는 고등교육은 학생들이 자기 자신의 모습을 바꿀 수도 있다는 사실을 깨닫도록 이끌어준다. 이들은 과거로부터 구축된 자아, 능력 있는 시민이 되게 해준 바로 그 자아를 자기 힘으로 창조한 자아로 재창조할 수 있다." [15]

비판적 사고의 함정과 교양교육의 길

자기 변혁을 돕는 교양교육의 기능을 이해하려면 우리는 많은 인문학자들이 비판적 사고의 핵심이라고 부르는 관점을 넘어설 필요가 있다. 많은 사람들은 폭넓은 탐구의 이로움을 설명하기 위해 '비판적 사고'라는 개념에 눈을 돌렸다. 비판적 사고라는 용어가 지금의 의미를 지니게 된 것은 1940년대였지만, 교육계에서 본격적으로 관심을 가진 것은 1960년대에 들어서였다. 더 정확히는 로버트 에니스Robert Ennis는 《하버드 교육 평론(Harvard Educational Review)》에 '비판적 사고의 개념(A Concept of Critical Thinking)'이라는 글을 발표하면서부터다. 에니스는 '글을 정확히 평가하는 법'을 가르치는 데 관심이 있었고, 이 과정을 열두 단계로 나눠 분석했다.

에니스와 그 뒤에 등장한 수많은 교육 이론가들은 '비판적 사고'가 지닌 힘을 찬미했다. 심지어 지금은 비판적 사고 연구소(The Center for Critical Thinking) 같은 게 생겼을 정도이며, 이 능력을 키우도록 도와주는 전문 컨설턴트도 있다.

미국 명문대 학생들은 비판적 태도를 취하는 데 몹시 뛰어나다. 오늘날 많은 학생들은 비판적이라는 걸 똑똑하다는 뜻으로 이해한다. "서술에 대한 헤겔의 개념이 비유럽권을 배제했다"거나 "취약성에 대한 주디스 버틀러Judith Butler의 관점은 그가 내세운 수행성 개념과 모순된다"는 말을 하면 이는 곧 지성의 상징으로 여겨진다. 종신 재직 교수가 자신의 특혜에 걸맞은 능력을 보이지 못한다고 비판하는 것은 지식의 상아탑에서 어엿한 일원으로 활동할 능력이 있음을 알리는 증거다.

그러나 부정적인 면에 치우친 이런 활동은 매우 피상적일뿐더러 결국 역효과를 낳는다. 더구나 학교 바깥에 있는 사람들에게 이런 '지성의 상징'은 정치적으로 올바르고자 애쓰며 자만하는 것으로 보일 뿐이다. 물론 오류를 밝혀내는 기술이나 지적으로 한발 앞서려는 태도가 아무 가치도 없다는 뜻은 아니다. 하지만 자기만족에 빠져 폭로를 즐기는 이들, 아니면 요즘 유행하는 말로 '딴지 걸기'를 좋아하는 집단이 생겨나는 것은 경계해야 한다. 책이나 제도, 또는 인물이 기대에 못 미침을 지적하는 데 집중하다 보면 학생들은 자신이 공부하는 내용에서 최대한 많은 것을 배우는 법을 잊어버릴지도 모른다. 비판적 폭로가 곧 지성의 증거가 되는 인문학 문화 속에서 학생들은 이치에 맞지 않는 것을 찾아내는 능력만 뛰어난 사람으로 성장할 수도 있다. 또 자신이 읽는 책과 우리가 살아가는 세상에서 의미와 방향을 찾아내는 능력을 잃어버릴 가능성도 있다. 대학 문을 나선 뒤에도 학생들은 학교에서 칭찬받았던 대로 비판 능력을 뽐내며 논쟁에서 이기려 할 것이다. 이들은 결국 의미를 찾거나 창조할 여지가 거의 없는 사회, '믿어서는 안 될' 사람을 또 하나 찾아내고 거기에 즐거워하는 분위기를 만드는 데 일조하게 될 것이다. 그러나 어떤 관점이 틀렸음을 입증하겠다는 것은 진실과 거짓을 가려내는 자신의 능력을 과신한다는 뜻일 수도 있다. 반대로 무언가를 배우는 데 수용적이라는 것은 곧 해체되고(혹은 조롱당하고) 말 개념을 너무 쉽게 믿는다는 의미일 수 있다.

이것은 비단 현대에 와서 생긴 문제가 아니다. 18세기에도 이미 계몽주의가 회의주의를 찬양하며 불신하는 태도만을 치켜세운다는 불만의 목소리가 있었다. 하지만 오늘날 우리는 회의주의에마저 회의를 품는 지경에 이르렀다. 우리는 이제 확신이 없다는 사실을 당당히 밝히지 못하게 되었다. 어쩌면 바로 이것이 학생들에게 가정이나 신념에 '딴지를 거는' 것이 멋지다고 가르치게 된 이유인지도 모른다.

비판적으로 사고하는 법을 가르치면서 우리는 학생들에게 방어적 자세를 취해야 할 이유, 바꿔 말하면 '배우지 않아야 할' 이유를 함께 가르쳤는지도 모른다. 자신이 동의하지 않는 것에는 영향을 받지도 않을 것이란 확신에 찬 거짓은 우리 문화 진빈에 널리 퍼져 있다. 정치와 언론계는 물론이고 '학제 간 교류'를 표방하지만 결국 자기만의 성에 갇힌 학계, 공론장에서 논쟁을 벌이는 지식인들에 이르기까지 다양한 곳에서 이런 태도를 쉽게 발견할 수 있다.

하지만 교육자는 언뜻 불쾌하거나 낯설게 느껴지는 주제가 지닌 정서적, 인지적 힘을 학생들이 받아들일 수 있도록 이끌 방법을 찾아야 한다. 자아를 확장해 주지도 못하고, 공감도 이해 능력도 빠진 비판적 사고는 결국 아무것도 낳지 못한다.

교양교육은 학생들이 학교에서 다루지 않았다면 거부하거나 무시했을 법한 분야에서도 기꺼이 뭔가를 배우는 마음가짐과 능력을 키워주는 역할을 수행해야 한다. 이런 자료를 접한 학생들은 당황하거나 기분이 상할 수도 있다. 요즘 학생들은 "이러이러한 교수, 또는 자료 탓에 불편한 기분을 느꼈다"는 비판에 교육 평가 위원회가 민감하게 반응한다는 사실을 깨달은 듯하다. 그러나 때로는 불편하게 만드는 것 자체가 교양교육에 필요한 요소다. 그래서 이러한 불평은 교양교육 전체를 봤을 때 해로운 영향을 끼치기도 한다. 비판적 사고력뿐 아니라 당황스럽거나 불편한 분야에서도 무언가를 배우려는 자세를 중요시하는 문화는 학계나 사회에 큰 도움이 된다.

나아가 교양교육의 역할은 다른 사람의 관점을 이해하는 공감 능력으로 비판적 사고의 한계를 보완하는 데서 끝나서는 안 된다. 우리는 비판적 성향을 사회·문화적 규범으로 보완할 필요가 있다. 그러려면 학생들이 가치 판단이 개입된 관습을 접하고 이러한 가치가 특정 문화에서 또는 삶 속에서 어떻게 정당화되는지 이해하도록 가르칠 방법을 찾아야 한다. 더불어 인류학, 역사 등 다양한 분야의 학문이 만들어낸 맥락 안에서 여러 규범이 각각 어떤 위치를 차지하는지 파악할 필요도 있다.

하지만 무엇보다 우리는 학생들에게 그들이 공부하고 있는 맥락 또는 문화 자체와 비판적 거리를 두는 법을 가르쳐야 한다. 우리는 여태껏 우리가 믿는 가치 또는 우리 삶을 인도하는 규범이 생겨나는 과정을 학생들과 함께 탐구하는 데 별 관심을 두지 않았다. 다시 말해 권위를 무너뜨릴 도구는 열심히 갈고닦았지만 규범이 어떻게 타당성을 얻는지 알아보는 데는 소홀했다는 뜻이다. 더욱이 도덕적 선택을 과학적으로 '설명'할 수 있다고 주장하는 사이비 과학은 이런 방관자적 태도를 부추길 뿐이다. 어떤 경험을 할 때 뇌의 어떤 부분이 활성화되는지 관찰하거나, 전기 자극으로 의도를 조작할 수 있다는 감정 이론을 받아들이는 것 따위의 '과학적' 시도는 규범이 삶 속에서 어떻게 타당성을 획득하는지를 말해 줄 수 없다.

듀이는 대학에서 가르치는 내용이 대부분의 사람들에게서 두드러지게 나타나는 관심사나 활동과 동떨어져 있으면 우리가 얻을 것은 교육적 혼란뿐이라고 말했다. [16] 이 말은 현재 상황을 있는 그대로 받아들여야 한다는 뜻이 아니라, 미국을 비롯한 여러 문화권의 관습을 해당 사회 구성원의 관점에서 이해하려고 노력해야 한다는 의미이다. 그럼으로써 우리는 로티가 '방관하는' 이론적 좌파라고 비판한 태도, 다시 말해 폭로에는 앞장서지만 새로운 삶의 방식을 시도하거나 문화가 변화하는 방향을 이해하려는 노력은 하지 않는 편협한 자세를 버릴 수 있다. 이를 실현하기 위해서는 '지역 공동체 봉사' 같은 사회 참여 프로그램을 통해 교과서 위주 교육을 보완하는 것도 방법이다. 교육 목표를 세울 때 원래 하던 대로 약점이나 속임수를 들추는 것이 아니라 우리가 공부하는 것이 우리 생각이나 삶에 어떤 영향을 미치는지 이해하는 것에 중점을 두는 것도 좋은 태도다.

교양교육은 항상 철학적 전통과 수사학적 전통, 다시 말해 진실과 탁월함이라는 두 가지 측면을 추구해 왔다. 지난 50년간은 인간을 자유롭게 하리라는 희망 아래 진실 탐구가 우위를 점했지만, 이 탐구에는 대체로 객관성이라는 무심함이 깔려 있었다. 물론 교육과 학문에서 비판적 의견은 매우 중요하지만, 냉담함을 지성의 상징으로 여기며 집착하는 태도는 문화 자원이 대폭 축소되는 결과를 불렀다. 그리고 대부분의 경우 탐구자는 직접 팔을 걷고 실험적 시도에 뛰어들거나 위대한 문화유산에 존경을 보내는 것이 아니라 우아한 방관자적 태도를 취해 왔다. 인문학에서는 특히 현실에 적극적으로 참여하려는 태도나 예술, 과학 분야의 위대한 유산에 몰두하는 능력이 필요한데 말이다. 안타깝게도 인터넷 서핑이 우리가 뭔가를 받아들이는 데 커다란 영향을 미치는 오늘날 '몰두'는 문화 생태계에서 거의 멸종 위기에 처한 개념이다.

그러나 여전히 중요한 것은 자유로운 배움을 통해 다양한 형태의 삶에 가능성을 열어두는 마음가짐이다. 우리가 집중해서 보고 듣고 읽는 법을 배우는 것은 문화와 사회의 이중성을 밝혀내는 데 능숙해지기 위해서가 아니다. 우리는 다른 사람의 관점을 조금이라도 이해하려고 노력함으로써 부분적으로나마 자신의 무지를 극복하게 된다. 윌리엄 제임스는 이러한 무지를 인식하는 것이 민주주의와 시민사회 건설뿐 아니라 교육에서도 핵심적 역할을 한다고 생각했다.

물론 냉철한 비판적 사고도 이런 과업에 도움이 될 수 있다. 비판적 사고는 한편으로 교양교육이 제공하는 인식과 통찰에서 우리 자신을 지키는 방편이 되어줄 수도 있다. 학생 또는 교육자 위치에 설 때 우리는 변화에 무방비하게 노출되고 싶지 않다는 생각에 가끔 그런 보호책을 원하게 된다. 하지만 무지를 극복하고 싶다면 퍽 '불편한' 기분을 기꺼이 감수할 수 있어야 한다.

처음에는 이해하기 어렵거나 존재조차 몰랐던 관습을 이해하려는 노력과, 비판적 견해를 펼치는 학자적 습관을 조화시킬 수 있다면 교양교육은 앞으로도 대학의 필수 요소로 남을 것이다. 남을 이해하려는 노력은 공감 능력뿐 아니라, 가능성을 발견하고 세상을 바꾸는 데 꼭 필요한 가치를 알아보는 능력을 키워준다.

비판적 사고와 실용적 탐구 사이의 균형을 잡아야 한다는 생각을 뒷받침하기 위해 나의 은사인 루이스 밍크Luis Mink와 리처드 로티의 말을 잠시 빌릴까 한다. 밍크는 서술이 앎을 구현하는 방식에 관심을 쏟았던 역사철학자였다. 로티가 '심판으로서의 철학자'라는 개념을 해체하기 몇 년 전, 밍크는 비판가들이 "판사 가발을 벗고 안내인 모자를 써야 한다"고 말했다. 이 말은 넓게 보면 교육자에게도 똑같이 적용될 듯하다. 밍크는 교육자를 "혼자 힘으로는 보거나 듣지 못했을 디테일과 패턴과 관계를 보여주는 사람"이라고 정의했다. 혼자 힘으로 보고 듣는 법을 배우고 이전에는 미처 몰랐던 의미를 인식하는 능력을 얻는 것은 교양교육이 주는 가장 큰 선물이다.

내 스승들은 내게 다양한 학문의 디테일과 패턴과 관계를 보여줌으로써 내 삶을 풍요롭게 해주었다. 나는 이전까지 주변에 있는 많은 것들을 제대로 보고 들을 줄 몰랐으며 나를 불편하게 하는 사물과 사람들에게 비판을 가하는 법을 배운 학생이었다. 내 스승들은 내가 이러한 무지를 조금이나마 극복하도록 도와주었고, 덕분에 나는 생각했던 것보다 훨씬 다양하고 깊은 경험을 얻을 수 있었다. 그 분들의 가르침으로 나는 스스로 연구하고 동료 및 학생들과 관계를 쌓는 데 필요한 도구를 손에 넣었다.

판사가 아닌 안내인으로서 우리 교육자들은 다양한 문화에 영향을 미치는 것들과 가치, 규범을 탐구하는 방법을 학생들에게 보여줄 수 있다. 이 과정에 참여하며 학생들은 삶에 영향을 미치는 것들에 대해, 가치와 규범을 만들어가는 일에 대해 타인과 대화하는 법을 배울 것이다. 이들은 가치를 비판하는 능력과 더불어 자신이 속한 집단에 가치를 더하는 능력을 얻을 것이다. 때로는 남들이 지나간 길을 거부하고 새로운 길을 개척하기도 할 것이다. 교양교육의 인도를 받는 한 이들은 삶의 의미와 방향성을 찾아내는 능력을 점점 키워갈 것이다. 이것이 바로 교양교육이 대학 밖에서도 중요성을 잃지 않는 이유다.

───── 나가며

이 책의 집필이 끝나갈 무렵 나는 베이징대학교 인문학 연구소에서 교양교육에 대한 강연을 하러 중국으로 향했다. 사실 나는 어떤 반응을 기대해야 할지 전혀 알 수 없었다. 학교는 방학 중이었고, 내가 들은 바로는 교수와 대학원생 수십 명 정도만이 강연에 참석할 예정이었다. 중국에서는 교양교육에 대한 관심이 점점 높아지고 있는 반면, 이곳 미국에서는 직업과 좀 더 직접적으로 관련된 교육을 원하는 이들이 교양교육에 압력을 가하고 있는 형편이었다. 미국인들은 극심한 경쟁과 기술이 주도권을 쥔 현대 사회에서 '전인교육'은 너무 물러 터진 개념이라고 여기는 듯하다. 이들은 학생들이 직업을 얻는 데 도움이 되려면 더욱 체계적이고 효율적이며 전문화된 교육이 필요하다고 생각한다. 하지만 그들이 원하는 직업조차 이미 과거의 직업일 뿐이다. 미국에서 나는 더 효율적이고 전문화된 교육을 요구하는 것이 순응적인 삶과 경직된 사회로 가는 자멸의 길이라고 주장하는 데 상당한 시간을 쏟는다. 순응과 경직이야말로 새로운 사회와 문화에 적응하는 데 가장 방해가 되는 특성이기 때문이다.

미국보다도 시험제도가 교육의 중심에 있고, 극도로 전문화된 중국에서 이런 내 주장은 어떻게 받아들여질까? 나는 역사적 접근 방식을 택해 이 책의 원고를 바탕으로 현대적 교양교육 개념이 미국 지성의 역사를 거치며 어떻게 발전해 왔는지 설명하기로 했다. 강연이 끝난 뒤에 있을 토론을 통해 중국의 전통적 교육관에서 미국 역사와 비슷하거나 현재 미국의 상황에 도움이 될 만한 요소를 배울 수 있을지도 모를 거란 생각이 들었다.

강당에 발을 들인 나는 실내를 가득 메운 사람들을 보고 깜짝 놀랄 수밖에 없었다. 방학 기간이었음에도 강당에는 200명이 넘는 교수와 학생들이 모여 있었다. 내 통역사는 내가 토머스 제퍼슨부터 리처드 로티에 이르기까지 수많은 사상가 이야기를 즉흥적으로 꺼내는데도 사이사이 적절한 설명을 끼워 넣으며 정말 잘 해내주었다. 나는 자유(liberate), 활기(animate), 협력(cooperate), 자극/혁신(instigate/innovate)이라는 네 가지 주제를 활용해 강의 전체를 구성했다.

맨 먼저 '자유'에서는 교육을 통해 칸트가 말한 "스스로 초래한 미성숙함"에서 벗어날 수 있다고 믿었던 제퍼슨의 이야기부터 풀어 나갔다. 앞서 말했듯 제퍼슨은 학생들이 공부를 막 시작할 때 스스로 교육과정을 선택하게 해서는 안 된다고 생각했다. 학생들은 교육을 받는 과정에서 자신이 무엇을 할지 발견해야 한다. 자기가 어떤 사람이 될지, 무엇을 이루고 싶은지 알기도 전에 특정 직업훈련을 받겠다고 서둘러서는 안 된다. 물론 실수도 저지를 테고 길을 잘못 들 수도 있다. 하지만 제퍼슨이 말했듯 "열정에서 비롯된 어리석음"이 편협함에서 나온 실수보다 훨씬 낫다.

나는 데이비드 워커와 프레더릭 더글러스의 힘찬 글을 소개한 뒤 제퍼슨의 사상에서 드러나는 거대한 모순을 지적했다. 교육이 사람을 자유롭게 한다고 주장하면서 노예를 소유하는 것은 분명한 자가당착이었다. 제퍼슨은 젊은이들이 자신의 열정을 찾을 때까지 실패할 자유를 허락해야 한다고 말하면서도 모든 이에게 자유를 주어야 한다고는 생각지 않았던 완고한 인종주의자였다. 훌륭한 교육관을 지녔다고 해서 불명예스러운 위선을 저지르지 않으리란 법은 없다.

두 번째로 '활기'를 소개하며 나는 교육이 영혼에 불을 붙여야 한다는 에머슨의 말을 인용했다. 에머슨은 틀에 박힌 교육이 일종의 타락이라고 생각했고, 대학에 만연한 모방이라는 족쇄를 벗어던져야 한다고 촉구했다. 그는 대학이 제 역할을 다하려면 주입식 교육으로 학생들을 훈련시키는 대신 그들이 창조성을 발견하고 세상에 활기를 불어넣을 수 있도록 도와주어야 한다고 말했다. 내가 이 말을 할 때 청중들이 강한 동조를 보이는 것이 느껴졌다. 청중 가운데에는 학력평가 제도를 기본으로 한 중국 중등교육(최근 미국 학교들도 점점 이와 비슷해지고 있다)이 바뀌어야 한다고 생각하는 사람이 많았다. 이들은 내가 두 번째로 언급한 에머슨의 "반발적 사고", 즉 권위에 도전하는 사고에 대해서는 어떻게 생각했을까?

'협력'으로 넘어가서는 실용주의와 관련된 네 명의 사상가 제임스, 애덤스, 듀보이스, 듀이를 중심으로 개념을 설명했다. 제임스의 사상에서는 "사고라는 기능은 행동하는 습관에서 한 단계를 차지할 뿐"이라는 말을 강조했다. 교양교육은 당장 활용하지 못할 지식을 배우는 것이 전부가 아니다. 교양교육의 진정한 의의는 폭넓은 탐구정신을 통해 행동하는 습관을 기르는 데 있다. 뒤이어 다른 사람의 처지를 이해함으로써 "무지를 극복"할 수 있다는 제임스의 말도 소개했다. 섣불리 판단하지 않고 다른 사람의 관점에서 세상을 바라본다는 것은 제임스의 철학에서 근본을 이루는 개념이었다.

무지를 극복한다는 개념은 제인 애덤스에게도 중요한 개념이었음을 기억하리라 믿는다. 나는 '협력'의 의미를 잘 함축하고 있는 애덤스의 "애정 어린 이해"라는 표현을 강조했다. 애덤스의 사상을 살펴보면 교양교육에서 '비판적 사고'가 얼마나 과대평가될 수 있는지 알 수 있다. 우리는 기대에 미치지 못하는 것을 지적하는 법뿐만 아니라 문제를 해결하고 조화를 이루려 노력하는 법도 배울 필요가 있다.

듀보이스에게도 공동체라는 맥락은 매우 중요했다. 듀보이스는 교육이 인간에게 힘을 준다고 보았지만, 여기서 힘은 개인적인 것만을 가리키지는 않았다. 그는 교양교육이 "문명이 어디로 향하고 있으며 그것이 무엇을 의미하는지 이해하는" 능력을 키워준다고 생각했다. 변화의 방향과 의미를 이해하는 이 능력은 공동체 전체에 긍정적인 영향을 미친다. 청중은 이러한 개념에 확실히 공감하는 듯했고, 나는 애덤스와 듀보이스의 사상에 유교적 전통과 닮은 점이 많다는 사실을 깨달았다.

'협력'에서 마지막으로 나는 존 듀이의 말을 인용했다. "철학은 이제 철학가들의 문제를 다루는 도구여서는 안 되며, 철학가들의 손을 거쳐 인간의 문제를 다루는 방법으로 거듭날 때… 제 모습을 회복할 수 있다." 이것은 실용적 교양교육이 갖추어야 할 모습이기도 하다. 엄격한 연구와 탐구를 통해 깨달은 방법으로 우리 시대의 중대한 문제를 다루는 것이 바로 교양교육의 목표다.

앞서 살펴보았듯 듀이는 애초부터 교양교육에 속하는 과목은 없

대학의 몰락

다고 생각했다. 오랜 탐구를 통해 생겨난 맥락과 그에 걸맞는 개념을 갖고 있어야 그 과목은 교양교육에 속할 자격을 얻는다. 더불어 듀이는 인문학이 사회적 관심사와 활동에 연결되어 있어야 발전할 수 있다고 주장했다. 대학은 세상에서 떨어진 수도원이 아니다. 대학은 공감 능력과 기억, 신의를 마음에 새기고 탐구를 통해 행동 습관을 창조하는 실험실이 되어야 한다.

강연 막바지에 이르러 '자극/혁신'을 다루며 나는 대학 수준의 교양교육이라면 널리 퍼진 사회적 통념에 의문을 품고 도전 정신을 불러일으켜야 한다는 로티의 교육관을 언급했다. 특히 현재 우리가 처한 상황에 도전하는 반발적 사고가 오늘날 교양교육이 지닌 힘의 핵심이라는 점을 강조했다. 교양교육이 불러일으킨 의문은 곧 세상을 바꿀 혁신으로 이어진다. 지금 우리에게 필요한 것은 신기한 새 어플리케이션이 아니라 경제, 사회, 환경 분야의 근본적 문제를 다룰 새로운 전략이다. 사회적 통념에 창조적으로 도전해야만 우리는 미래를 위협하는 문제를 해결할 기회를 잡을 수 있다.

나는 이런 의견에 열렬한 반응을 보이는 청중을 보고 적잖이 놀랐다. 사실 나는 베이징대학교 강연에서 사회적 통념에 대한 도전이라는 주제를 다루면 싸늘한 반응이 돌아오리라고 잘못 생각하고 있었다. 내 예상과는 반대로 그 자리에 모인 교수와 학생들은 중국의 전통과 서구의 전통을 모두 활용해 중국 사회가 직면한 거대한 과제들을 다루는 데 힘이 되어줄 반발적 사고방식을 생각해 내려 하고 있었다.

미국으로 돌아간 후 나는 내몽골대학교에서 영어를 전공하는 학생 75명으로부터 이메일 한 통을 받았다. 중국의 교양교육이 수백 년의 역사를 지니고 있음을 내게 일깨워 주는 편지였다. "중국의 교양교육은 단절되거나 오래된 이론이었던 적도, 추상적 또는 정신적 활동에 그쳤던 적도 없으며, 항상 나라 전체를 보살피고 인도할 수 있도록 학생들의 기량을 갈고닦는 것을 근본적 사명 또는 목적인(telos, 아리스토텔레스가 말한 운동의 네 가지 원인 가운데 하나로 목적에 의해 그것을 실현하기 위한 운동이 일어난다고 봄)으로 삼아 왔습니다." 중국에 있는 나의 새 동료들은 기존의 역할에 사람들을 밀어 넣기보다 '전인'을 키워내는 데 집중하는 교육제도를 발전시키겠다고 다짐했다. 그리고 이 제도를 통해 학생들이 세상에 긍정적 변화를 가져올 방법을 찾는 능력을 기르도록 이끌겠다는 원대한 포부도 밝혔다. 내 생각에 그러한 변화에는 자유로운 언론과 자유로운 탐구가 필요하다. 이들의 포부가 이루어질 날은 언제쯤일까?

중국에서의 경험으로 나 역시 교양교육을 통해 다양한 공동체가 서로에 대한, 그리고 공공의 문제에 대한 무지를 극복할 수 있을지도 모른다는 희망을 품게 되었다. 과연 실용적 교양교육은 우리 사회의 시급한 문제를 다루는 데 필요한 정교하고도 배려 깊은 전략을 이끌어낼 수 있을까? 중국에 다녀오고 보니 어쩌면 가능할지도 모른다는 생각이 '열정에서 비롯한 어리석음'만은 아니라고 느껴진다.

대학 교양교육은 학생들에게 자유와 활기, 협력과 자극을 가르치는 것을 사명으로 삼아야 한다. 의심하고 상상하고 열심히 공부하며 학생들은 그들이 정말로 자기 자신과 사회를 변화시킬 수 있다는 사실을 깨닫게 된다. 자유 교양교육은 순응을 강요하는 권력에 도전함으로써 우리의 개인적, 직업적, 정치적 삶과 깊은 관련을 맺기에 중요한 의미를 지닌다. 관련을 맺는다는 건 단순히 첫 직장을 얻는 데 도움이 된다는 뜻이 아니다. 교양교육의 진가는 오히려 우리가 일하고 살아가는 과정에서 서서히 드러난다. 교양교육의 자유로운 탐구와 실험 정신은 우리가 스스로 생각하고, 스스로의 욕구와 희망을 더욱 잘 파악하는 데 도움을 주며, 자신의 믿음과 행동에 책임을 질 수 있도록 한다. 우리가 세상을 이해하고 사회에 이바지하며 자신을 변화시키는 능력을 길러 준다는 점에서 교양교육은 대학 울타리 밖에서도 크나큰 중요성을 지닌다. 그렇기에 제 역할을 해내는 한, 교양교육은 결코 사라지지 않을 것이다.

대학교 1학년 때 나는 '남을 가르치기 위해' 무언가를 배우는 사람이 있다는 것이 잘 이해되지 않았다. 그러다 학부를 졸업할 무렵이 되면서 독서와 연구에 푹 빠진 나는 공부를 계속하지 않는 미래란 상상할 수조차 없게 되었다. 당시 내게 가장 중요한 것은 계속 교육을 받는 것이었다. 웨슬리언은 엄청나게 치열하지만 개방적인 분위기의 작은 대학이다. 그곳에서 학부를 마치고 프린스턴에서 대학원 과정을 밟을 수 있었던 건 정말 행운이었다. 두 학교 모두 활기찬 탐구 분위기를 장려했고, 교수님들은 흔쾌히 내가 원하는 분야를 공부하도록 해주셨다.

하지만 나는 철학을 공부할지, 아니면 역사나 심리학 쪽으로 가야 할지 계속 고민했다(역사학 박사과정을 밟으려고 정신과 병원 일자리 제의를 막 거절한 참이었다). 교수님들은 남들한테 전공이 무엇이라고 말할지부터 걱정하지 말고, 연구를 계속하면서 관심 가는 강의를 들으면 된다고 조언하셨다. 공부를 계속하는 것이 중요하다고도 하셨다. 마침내 나는 사람들이 과거를 이해하는 방식에 가장 관심이 간다는 결론을 내리고 역사학 박사과정을 끝까지 마쳤다.

하지만 내가 쓴 첫 책은 정신분석에 관한 것이었다(웨슬리언에서 쓴 졸업논문을 기초로 했다). 어쩌다 보니 나는 역사 및 인문학 교수가 되었고, 게티 미술사 연구소에서 연구 프로그램을 운영했다(가끔 큐레이터 역할도 겸했다). 그 뒤 캘리포니아예술대학 총장을 맡았다가 지금은 웨슬리언으로 돌아와 총장으로 일하고 있다. 돌이켜보면 마음을 정할 필요가 없어서 좋았다는 생각이 든다. 사실 지금도 그렇다.

나는 웨슬리언과 프린스턴에서 놀랄 만큼 훌륭한 교수님들을 만났다. 늘 따뜻하게 학생들을 이끌고 영감을 주되, 적당한 훈육과 비평도 잊지 않는 좋은 스승들이었다. 나는 그분들을 무척 따랐지만, 그때까지만 해도 내가 가르치는 일을 좋아할 것이라고는 생각지 않았다.

그러다 대학원에서 우연찮은 기회에 토론 세미나를 맡아 진행할 일이 있었다. 나는 흥분을 감추지 못했다. "이렇게 재미있는데 돈까지 받는다니!" 들뜬 나를 보고 동료 조교들은 씁쓸한 표정으로 우리는 그저 쥐꼬리만 한 돈을 받을 뿐이라는 사실을 지적했다. 어쨌든 그때 나는 학생들과 마음에 드는 주제로 토론하는 게 내 삶의 낙 중에 하나가 되리라는 사실을 깨달았다.

스크립스칼리지, 클레어몬트대학, 캘리포니아예술대학, 그리고 모교 웨슬리언에서 내가 가르친 제자들도 하나같이 멋진 학생들이 었다. 또 작년에는 온라인 강의를 경험하며 아찔함과 뿌듯함을 함께 맛봤다. 코세라 온라인 강의는 대학 강의실에서 하는 소규모 강의와 는 매우 달랐지만, 배움을 통해 변화의 의지를 강하게 보여주는 학 생들을 보니 활력과 흐뭇함이 느껴졌다.

강의실에서든 온라인에서든 나는 강단에 서면 상당한 시간을 인 용에 할애한다. 학생들이 책 안에서 언어와 구조, 다층적 의미에 주 의를 기울이는 즐거움을 발견하기를 바라기 때문이다. 이 책에도 곳 곳에 적지 않은 인용문을 배치했다. 독자들이 풍부하고 다양한 미국 교양교육의 전통에서 두각을 드러낸 인물들의 목소리를 생생히 느 껴 보기를, 그리고 더 깊이 탐구하고 싶은 (그리고 그 기쁨을 느끼고 싶 은) 독자들이 이 전통을 활용할 수 있기를 바란다.

이 책을 내 모든 스승과 제자에게 바친다. 이들 덕분에 나는 30년 이 넘는 세월 동안 배움을 지속할 수 있었다.

지난 몇 년간 이 책 내용의 일부를 다양한 청중에게 들려줄 기회 가 몇 번 있었다. 이 자리를 빌려 교양교육 강연을 허락해 준 기관과

대학의 품격

내 글을 실어 준 매체(〈크로니클 포 하이어 에듀케이션〉, 〈허핑턴 포스트〉, 〈인사이드 하이어 에드〉, 〈로스앤젤레스 타임스〉, 〈뉴욕 타임스〉, 〈월스트리트 저널〉, 〈워싱턴 포스트〉)에 감사의 말을 전한다.

또 우리 학교 이사와 교수진, 행정 직원들은 내가 이 책 내용에 관해 이야기하는 것을 찬찬히 들어주고 열렬히 반응해 주었다. 그분들의 인내심과 식견, 헌신에 감사드린다. 이 책을 쓰는 내내 웨슬리언 총장실 직원들은 내게 정말 많은 도움이 되었다. 조앤 애덤스Joan Adams, 메리앤 캘넌Marianne Calnen, 헤더 브룩Heather Brooke, 리사 라플랜트Lisa LaPlant 는 글을 쓸 시간과 장소를 제공해 주었다. 앤디 타나카Andy Tanaka는 대학 운영 전반의 관리 감독을 도와주었고, 덕분에 자료를 수집하고 글을 쓸 시간을 얻을 수 있었다. 이들의 도움은 커다란 선물이다.

내가 이 프로젝트에 대해 재능 넘치는 편집자 아일린 스미스Ileene Smith와 처음 이야기를 나눈 것은 그녀가 예일대학교 출판부에서 일할 때였다. 그녀의 통찰력에 깊은 감사를 보낸다. 아일린은 지금의 내 에이전트인 조지 보어하르트Georges Borchardt를 내게 소개해 주었다. 조지의 차분하고 지적인 대응 덕분에 이 책을 순조롭게 진행할 수 있었다. 오래전 〈로스앤젤레스 타임스 북 리뷰〉에서 일하며 내게 첫 과제를 내주었던 (그리고 충고를 해주었던) 스티브 와서먼Steve

Wasserman은 예일 출판부 편집자로서 이 책의 탄생 과정을 함께했다. 그의 건설적 의견에 감사를 표한다.

찰스 샐러스Charles Salas는 지금까지 여러 해 동안 내 글을 읽으면서 글의 오류를 바로잡고 이해하기 쉽게 다듬는 작업을 맡아 주었다. 이는 상당한 시간과 노력이 드는 일이다. 비록 우리가 완벽한 책을 만들지는 못했을지라도 그의 노고에 깊은 감사를 전하고 싶다.

나는 이 책을 내 친구이자 아내인 캐리 웨일Kari Weil과 나란히 앉아 썼다. 아내는 자기 책(에세이와 강연 원고, 성적 평가서 등)을 쓰면서도 내가 정신분석, 역사, 사진, 공예, 영화, 철학, 그리고 교육에 대해서까지 떠드는 것을 전부 받아주었다. 아내는 날카로운 비평 감각과, 그보다 더 멋진, 활기차고 다정한 공감 능력을 지녔다. 이 두 가지 혜택을 모두 누리며 사는 것은 행운이다. 아내가 없었다면 나는 결코 대학을 넘어서지 못했을 것이다.

한국의 대학에서 교양강의는
이미 다른 개념이 되었다

_ 오찬호(사회학 박사, 작가)

나는 '대학생'과 '대학'을 주제로 하는 대중적 사회과학서 두 권을 집필했다.[1] 자본주의를 체념적으로 받아들이도록 하는 대학의 공기가 대학생의 일상을 얼마나 괴기스럽게 만드는지에 – 주로 민주주의적 가치가 파괴되는 형태로 드러남 – 관한 시리즈 성격의 책이다. 학술적 논문 형태로 나 혼자만 알고 있어도 충분한 것을 굳이 시간을 들여, 별 다른 보상도 없는 책의 형태로 세상에 드러낸 이유를 묻는다면 나는 '그 날'의 경험을 이야기하지 않을 수 없다.

227

---

1 《우리는 차별에 찬성합니다: 괴물이 된 이십대의 자화상》(2013, 개마고원), 《진격의 대학교: 기업의 노예가 된 한국대학의 자화상》(2015, 문학동네).

그 날, 대학에서 민주주의가
더 이상 의미가 없음을 알게 되었다.

그 날은 '민주주의가 퇴행한' 사회적 이슈를 가지고 토론을 한 날
이었다. 공교롭게도 최근에 그런 일들이 많다. 국가적 차원에서 이
루어지는 굵직한 사건만이 아니라, 대학 내에서도 민주주의가 후퇴
한다는 신호를 감지할 만한 여러 일들이 비일비재하다. 재단의 부
패, 총장 선출을 둘러싼 잡음, 학교의 각종 갑질(학내 언론 장악, 학생
회 선거 개입, 동아리 자치활동 예산 삭감), 그리고 누군가에게 생사의 문
제라 할 수 있는 학과 통·폐합을 구성원과 일절 상의 없이 일방적
으로 결정하는 일 등이 그러하다. 물론 나는 이 문제를 '찬반'의 성
격에서 토론할 생각이 없었다. 내게 민주주의는 타협의 대상이 아니
다. 이것이 교육적 신념이라는 것에 추호의 의심도 없다. 그런데 한
국에서 민주주의적 가치는 경제 성장의 패러다임과 '함께' 논의되는
경우가 많다. 그래서 '한쪽의 시각만 반영하지 마라'는 반론에 움찔
하지 않기 위해서라도 굳은 각오가 필요하다. 인류가 지금까지 살아
온 궤적은 민주주의적 가치에 보다 많은 사람이 포함되어 가는 투
쟁의 역사 아니었던가. 이 숭고한 역사를 경우에 따라 '달리 생각해
볼 수도 있는' 성질로 가르칠 순 없다. 그래서 나는 민주주의 가치가

훼손되는 일들이 발생하면 '우리가 왜 분노해야 하는지'를 단호하게 설명한다. 하지만 '그 날', 학생들의 반응은 차가웠다. 이유는 명쾌했다. "말씀해 주시는 사례들이 민주주의의 가치를 퇴행시켰다는 것은 분명하고 이견도 없습니다. 그런데요, 알겠는데요, 별 느낌이 없어요."

'느낌이 없다'를 학생들은 이렇게 표현한다. 민주주의가 훼손되는 어떤 사실이 머릿속에 인지되어도 '심장을 송곳으로 찌르는 그런 아픔'을 느끼지 못한다. 지난주에 치른 토익시험의 성적이 목표치를 넘기지 못했을 때 느꼈던 그런 울분이 없다. 수능시험 점수가 모의고사 점수보다 떨어졌을 때가 훨씬 더 억울했다. '살이 3kg 찐 것'을 알았을 때도 가슴 깊은 곳에서부터 솟아나오는 공포감을 느끼지만 '민주주의가 훼손되었다'는 것은 그냥 건조한 사건일 뿐이다. 왜 그렇게 생각할 수밖에 없는지에 대한 답을 찾는 것은 힘들지 않았다. 대학생들이 여태껏 단 한번도 '그것이 중요한 것'이라고 들어본 적이 없는데 민주주의가 훼손되는 것에 '무감'한 것은 당연한 것 아닌가. 몇 번은 관심을 가진 적이 있었을지도 모른다. 하지만 그런 관심 표출은 예외 없이 "쓸데없는 관심 끄고 공부나 해"라는 주변의 눈총으로부터 자유롭지 못했다. 자신이 겪는 비민주적 대우도 늘 '참아야 하는 것'이었다. 부조리를 개선하겠다면, 부모님이 제일 먼저 말렸다. 학교에서도 마찬가지다. '다수결' 반장선거 외에는 민주주의가 무엇인지 경험해 본 적이 없다. 이는 대학생들이 민주주의를 '구체적 경험'으로서가 아니라 '추상적 이론'으로서 학습했음을 의미한다. 그래서 민주주의는 '있으면 좋겠지만', 없다고 무슨 청천벽력이 아니다.

그런데 결정적인 의문이 든다. 언제 이 사회가 민주주의를 '잘' 가르쳐준 적이 있었던가? 과거, 목숨 걸고 민주주의 수호를 부르짖었던 이른바 '386세대'는 '민주주의 조기교육'이라도 받았단 말인가? '야만의 시대'를 살지 않았던가. 오히려 지금의 대학생들이 '일상의 민주화'를 훨씬 많이 경험했다. 체벌도 줄었고 두발 제한이라는 비민주적 교칙들도 철퇴를 맞고 있다. 부모들도 더 이상 예전 같은 가부장적에 사고에 근거해서 자녀들을 대하지 않는다. 그런데 왜 민주주의는 오늘의 대학생들에게 찬밥 신세가 되었을까? 과거와 현재의 결정적인 차이가 하나 있다. 바로 '대학의 변화'다. 과거의 대학이 정의롭고 옳았다는 것이 아니다. 다만, 지금처럼 '취업사관학교'는 아니었다.

민주주의는 그 단어에서 풍기는 고상함 때문에라도 직접적인 폄하의 대상이 되긴 힘들다. 하지만 다른 '어떤 것'을 지나치게 강조하면 의도하지 않은 결과가 나타난다. 지금의 대학생들이 노출되어 있는 '과거와는 다른 공기'는 어떤 것일까? 이를 이해하기 위해서는 대학생들이 어떻게 살고 있는지부터 이해해야 한다. '경쟁완전체'란 표현이 적절해 보인다. 일생이 경쟁이었는데 도무지 끝이 보이질 않는다. 자본주의가 원래 그런 거 아니냐고 하는 사람도 있겠지만 이들은 원래보다 (조지 오웰의 표현을 빌리자면) '더블 플러스'로 고통스럽다. 초등학교 입학 전부터 사교육을 받으면서 대학에 왔는데 취업을 위해 '9종 세트(학벌, 학점, 영어점수, 어학연수, 공모전, 자격증, 봉사활동, 인턴, 그리고 마지막은 충격적이게도 성형수술)'를 준비해야 하는 황당한 사회를 살고 있다. 대학생들은 이 과정에서 필연적으로 '자본주의 사회는 어쩔 수 없다'는 이야기를 반복적으로 듣고 또 스스로에게 한다. 이 사회를 탈출하지 못하는 이상, 정신적 무장이라도 해야 하기 때문이다. '왜 이렇게 경쟁해야 하는가?'라는 대안 없는 비판에 전전긍긍하는 것보다, '어차피 경쟁은 피할 수 없다'는 식의 수긍이 차라리 속 편하기 때문이다.

이 '주술'에 지속적으로 노출되면서 '자본주의'는 신성불가침의 영역이 된다. 그리고 다른 한쪽인 '민주주의'는 그 의미가 퇴색된다. 자본주의와 민주주의는 일종의 공생 관계다. 특히 민주주의는 자본주의의 문제점을 적시하기 위한 근거로서 굉장히 유용하다. 그런데 '태초에 자본주의가 있었다'는 식의 이해가 증가하면 민주주의를 적용하기 위해 반드시 필요한 '정의'의 개념, '연대'라는 실천 등이 '비용절감, 이윤증가'라는 마법의 프레임에서 '별다른 효용이 없는 것'으로 해석되어 버린다. 그 순간 민주주의는 "그래서 그게 돈이라도 돼?"라는 질문 앞에서 극도로 무기력해진다.

이 상황을 비판 없이 받아들이는 대학생을 대학은 '기업형 인재'라고 부른다. '취업사관학교'로 변모한 대학에서 사회를 비판하는 학문들은 '취업률이 낮다'는 이유로 철퇴를 맞았다. 당연히 청년들은 대학생활을 하면서 민주주의적 가치에 대한 전문적 강의를 들을 기회를 잃게 된다. 반대로 경영학과의 급증, 실무 위주의 강좌 개설 등을 통해 대학생들은 자본주의에 '적응하는' 방식만을 배운다. '사회수요 맞춤형 고등교육 인재양성 방안'이라면서 교육부가 2천억이 넘는 연구비를 책정하여 야심차게 준비하는 '프라임' 사업을 보면 지금의 대학에서 '사회'가 어떤 의미인지 알 수 있다. 취업 안 되는 학과의 정원은 과감히 줄일수록 유리한 평가를 받는 이 사업의 이름, '프라임(PRIME)'의 뜻은 Program for Industry needs Matched Education, 즉 산업이 사회 자체가 되어버렸다. 사회 '안'의 시장이 아니라, '사회=시장'이다. 이곳에서 민주주의는 '부차적으로' 이해되는 것에 불과하다. 그러니 '훼손되어도' 심장을 바늘로 찌르는 그런 아픔이 느껴지지 않는다.

자, 이런 곳에서 '교양'은 어떤 의미이겠는가?

민주주의를 키워드 삼아 한국의 대학과 그 안을 살아가는 대학생들의 민낯을 이해하게 된 사람들 중 십중팔구는《대학의 배신》을 읽고 비슷한 생각을 하지 않겠는가. 저자가 아래에서 말하는 '민주주의를 강화시키는' 비판적 교양강의가 한국에도 무척이나 중요함을 연상하지 않을 사람은 없다.

교양교육을 통해 자신과 타인을 이해하려 노력하는 일은 시민으로서의 자질을 기르는 민주주의의 초석이 된다. 다양성의 가치를 존중하는 문화, 세상을 바꾸려면 소수의 선구자가 아니라 모든 사람들의 힘이 필요하다는 점을 인정하는 문화에서는 바로 이런 교육이 필요하다(109p).

정치적 속임수를 꿰뚫어볼 줄 아는 시민은 부와 권력에 맞서 자신의 권리를 지킬 줄 아는 노동자가 된다. 그래서 교육은 어리석은 독재자와 거만한 특권층으로부터 우리를 보호하는 장치이다(6p).

논쟁할 것도 없는 교양교육의 올바른 이상이다. 문제는 한국의 대학이 이런 가치를 지향하지 않는다는 사실이다. 2004년 한 재벌기업인이 "대학이 교육의 장이라는 건 헛소리다. 직업교육소다!"라고 말한 이래 대학은 환골탈태했다. 기업후원금 많이 받아오는 CEO 총장이 환영을 받았고 받은 만큼 이루어지는 '자본을 향한 대학의 자기검열'은 당연한 것이 되었다. 총장들의 주옥같은 말들을 모아보자. (특정 학교만의 문제가 아니니 출처를 밝히지 않겠다.)

국내 대학 어디도 돈이 중요하다는 걸 가르치는 곳이 없다. 21세기 사회는 경영학과 이공계가 이끌고 인문학은 뒷받침하면서 만들어진다. 인문학이 중심이 아니다.

○○대가 어떤 대학이냐고 묻는다면 올바른 CEO를 길러내는 대학이라 말하겠다.

공장에서 제품을 생산했는데 재고만 쌓이고 아무도 알아주지 않는다면 되겠느냐.

학교는 복지기관이 아니기 때문에 학교 청소원 및 경비원을 직접 고용할 필요가 없다.

총장들이 천명한 대학 정체성은 이 책의 저자가 말한 "교육은 크고 인간적인 의미를 발견하는 인간의 능력을 키워주는 것을 목표로 삼아야 한다. 그럼으로써 인간이 산업 제도 안의 톱니바퀴로 전락하는 일을 막을 수 있다"(186p)는 지점과 완벽히 대치된다. 산업의 톱니바퀴가 되겠다는 대학에게 기업의 갑질은 오만하다. 공공연하게 들려오는 "요즘 대졸 신입사원을 뽑아 놓으면 할 줄 아는 게 없다. 보고서 작성도 모른다"는 말이 대표적이다. 이 무슨 해괴망측한 말인가. 대학은 지금껏 '보고서 작성법'을 가르친 적이 없다. 하지만 대학이 우스워지니 기업은 '왜 이런 것을 준비하지 않느냐'며 요구 수위를 자꾸 높여가고 있다.

이러한 산업의 요구(needs)와 비례하여 대학의 '교양강의'는 그 의미가 완전히 달라졌다. 지금의 대학에서 교양강의는 취업을 위한 것이어야 한다. 그게 아니라면, 적어도 취업에 방해를 주어서는 안 된다. 전자는 기상천외한 강의의 등장에서 알 수 있다. '회계학'이 교양필수가 되기도 하고 '비즈니스 예절'이라면서 나비넥타이 매는 법, 기차에서 상사의 상석이 어디인지를 배운다. '글쓰기' 강의에서는 취업용 자기소개서 작성법을 실습하고 '말하기' 강의에서는 면접 요령을 접한다. '이미지 메이킹' 시간에는 어떻게 웃어야 하는지를 연습한다. 이 모든 것에 학점이 부여된다. 당연히 이런 신생 과목들은 취업할 때 별 필요가 없는 '시민정신'과 관련된 강의들이 사라지면서 등장했다. 아직 목숨이 붙어 있는 일부 인문학 및 정치사회 강의들은 '취업에 도움도 안 되는' 주제 파악을 잘 해야 한다. '정답 너머에 있는 진리'를 찾거나, '추론에 추론을 거듭'하다가는 "교양강의면 교양답게 해야지, 안 그래도 취업준비 때문에 힘들어 죽겠는데 왜 이렇게 깐깐하게 구느냐"는 집단항의에서 자유로울 수 없다.

'의미 있는' 교양강의가 설 토대 자체가 없는 한국 대학에서 '어떤 교양강의'가 필요한지를 논하는 건 의미가 없다. 이 책의 저자가 베이징 대학교 강연에서 교양교육의 기조로 강조한 자유(Liberate), 활력(Animate), 협력(Cooperate), 자극/혁신(Instigate/Innovate)은 의심의 여지없이 중요한 것이고 그러니 '해야만 하는' 상식이다. 하지만 지금 한국의 대학에서 이 상식은 '커다란 벽'을 넘어가지 못한다. 벽부터 파괴해야 함이 마땅해 보인다.

주

1장

1) Richard D. Brown, "Bulwark of Revolutionary Liberty: Thomas Jefferson's and John Adams's Programs for an Informed Citizenry", Thomas Jefferson and the Education of a Citizen, ed. James Gilreath(Washington, D.C.: Library of Congress, 1999), 93.

2) Lorraine Smith Pangle and Thomas L. Pangle, The Learning of Liberty: The Educational Ideas of the American Founders(Lawrence: University of Kansas Press, 1993), 96.

3) On the More General Diffusion of Knowledge: Jennings L. Wagoner Jr., "'That Knowledge Most Useful to Us': Thomas Jefferson's Concept of Utility in the Education of Republican Citizens", Gilreath, 120에서 재인용.

4) Letter to Thaddeus Kosciusko(1810): Pangle and Pangle, 108에서 재인용.

5) Gordon Lee, "Learning and Liberty: The Jeffersonian Tradition", Crusade against Ignorance: Thomas Jefferson on Education, ed. Gordon Lee(New York: Teachers College Press, 1961), 19.

6) "일하고 있는 마음은 항상 행복하다. 이것이 진짜 비밀이자 지극한 행복을 얻는 대단한 비결이란다." Jefferson to his daughter Martha, May 21, 1787: Wagoner, "'That Knowledge Most Useful'", 125에서 재인용.

7) 앞의 책.

8) Brown, 96.

9) Report of the Commissioners for the University of Virginia(1818): Lee, Crusade against Ignorance, 118에서 재인용.

10) Rockfish Report, Lee, Crusade against Ignorance, 119.

11) "내가 가장 염려하는 암초는 학교의 기강이고, 공립학교 대부분이 이 문제로 고심하

고 있다네. 지금 학생들의 교육에 가장 방해가 되는 걸림돌은 그들의 반항일세. 어쩌면 지나친 통제를 피하고 쓸데없는 규칙을 강요하지 않는 것이 말썽을 줄이는 길인지도 모르겠네. 학교에서 신중하고 가볍게 처벌해도 치안판사에게 엄한 벌을 받게 될지도 모른다고 굳이 언급해 불만을 품고 반항하며 소란을 부릴 빌미를 늘릴 필요는 없을 테지." Jefferson to Ticknor, July 16, 1823, 15:455.

12) Jefferson to Ticknor, July 16, 1823.

13) Wagoner, "'That Knowledge Most Useful'", 123.

14) Jefferson's letter to the Marquis de Chastellux, June 7 참조; Donald A. Grinde Jr., "Thomas Jefferson's Dualistic Perceptions of Native Americans", Gilreath, 195에서 재인용.

15) C. Vann Woodward, "The Old and New Worlds: Summary and Comment", Gilreath, 209~217. 같은 책에 실린 Grinde의 글도 참조.

16) Thomas Jefferson, Notes on the State of Virginia, query 18, http://xroads. virginia.edu/~hyper/jefferson/ch18.html(2013년 7월에 열람).

17) 앞의 책, query 14, http://xroads.virginia.edu/~hyper/jefferson/ch14.html.

18) 앞의 책.

19) Walker's Appeal, in Four Articles; Together with a Preamble, to the Coloured Citizens of the World, but in Particular, and Very Expressly, to Those of the United States of America, Written in Boston, State of Massachusetts, September 28, 1829, 32, http://docsouth.unc.edu/nc/walker/walker.html(2013년 6월에 열람).

20) 앞의 책, 37.

21) 앞의 책, 80.

22) Frederick Douglass, Narrative of the Life of Frederick Douglass, chap. 6, http://classiclit.about.com/library/bl-etexts/fdouglass/bl-fdoug-narrative-6. htm(2013년 6월에 열람).

23) 앞의 책, 97.

24) Frederick Douglass, Oration, Delivered in Corinthian Hall, Rochester, by Frederick Douglass, July 5th, 1852, http://www.lib.rochester.edu/index. cfm?page=2945(2013년 6월에 열람).

25) Ralph Waldo Emerson, Selected Writings of Emerson, ed. Donald McQuade(New York: Modern Library, 1981), xii. Emerson's journal entry, June 2, 1832, The Journals and Miscellaneous Notebooks of Ralph Waldo Emerson,

ed. W. H. Gilman et al., 14 vols.(Cambridge, Mass.: Harvard University Press, 1960~1977) 참조.

26) Kenneth S. Sacks, Understanding Emerson: "The American Scholar" and His Struggle for Self-Reliance(Princeton: Princeton University Press, 2003), 10~15 참조. 인용문은 13.

27) Emerson, "The American Scholar", 46.

28) 앞의 책, 48.

29) 앞의 책, 52.

30) 앞의 책, 61.

31) Sacks, 38 참조. 인용문은 퀸시의 아들이 한 말이다.

32) Emerson, "Self-Reliance," Selected Writings, 129.

33) 앞의 책, 134.

34) 앞의 책, 134~137.

35) 앞의 책, 136.

36) 앞의 책, 135~141.

37) 앞의 책, 147.

2장

1) Booker T. Washington, "Industrial Education for the Negro"(1903), http://www.teachingamericanhistory.org/library/index.asp?document=62(2013년 7월에 열람).

2) 햄프턴 대학교 웹사이트에서 인용. http://www.hamptonu.edu/about/history.cfm(2013년 7월에 열람).

3) W. E. B. Du Bois, The Souls of Black Folk(New York: Tribeca Books, 2013), 19.

4) 앞의 책, 47.

5) 앞의 책, 48.

6) "The Talented Tenth", http://www.yale.edu/glc/archive/1148.htm(2013년 6월에

열람)에서 인용.

7) 앞의 글(약 3분의 1 지점).

8) 앞의 글(첫 번째 문단).

9) 앞의 글.

10) Louis Menand, The Marketplace of Ideas: Reform and Resistance in the American University(New York: Norton, 2010), 44 참조.

11) Du Bois' autobiography: Sieglinde Lemke, "Berlin and Boundaries: Sollen versus Geschehen,", boundary 2 27, no. 3 (2000): 51에서 재인용.

12) Du Bois, The Education of Black People: Ten Critiques, 1906~1960, ed. Herbert Aptheker(Amherst: University of Massachusetts Press, 1973), 12.

13) 앞의 책, 14~15.

14) Jean Bethke Elshtain, "A Return to Hull-House: Taking the Measure of an Extraordinary Life", The Jane Addams Reader, ed. Jean Bethke Elshtain(New York: Basic, 2002), xxv.

15) Jane Addams, "The Snare of Preparation", Jane Addams Reader, 103~104.

16) Jane Addams, "The Modern Lear", Jane Addams Reader, 168.

17) 앞의 책, 176.

18) Louise W. Knight, Jane Addams: Spirit in Action(New York: Norton, 2010), 101에서 재인용.

19) Louis Menand, The Metaphysical Club(New York: Farrar, Straus and Giroux, 2001), 77. 제임스의 말은 버나드 베런슨Bernard Berenson의 일기에서 인용한 것이다.

20) The Writings of William James: A Comprehensive Edition, ed. John J. McDermott(Chicago: University of Chicago Press, 1977), 630 참조.

21) 앞의 책, 631.

22) 앞의 책, 645.

23) 앞의 책, 644~645.

24) 앞의 책, 640.

25) 앞의 책, 646.

3장
—

1) Silence Dogood(Benjamin Franklin), New England Courant, May 14, 1722, http://www.ushistory.org/franklin/courant/silencedogood.htm(2013년 7월에 열람).

2) Benjamin Franklin, Autobiography, chap. 5, http://www.let.rug.nl/usa/biographies/benjamin-franklin/chapter-5.php(2013년 7월에 열람).

3) Life, Letters and Journals of George Ticknor, ed. George Stillman Hillard(London: Sampson Low, Marston, Searle and Rivington, 1876), 363.

4) 앞의 책, 364. 티크너에 대한 현대적 해석을 보려면 Warner Berthoff's article in Harvard Magazine, January-February 2005, http://harvardmagazine.com/2005/01/george-ticknor.html(2013년 6월에 열람).

5) 〈예일 보고서〉는 최근에 나온 데이비드 포츠의 해설본《대학의 나라를 위한 교양교육(Liberal Education for a Land of Colleges)》으로 쉽게 접할 수 있다.

6) 앞의 보고서, 14.

7) 앞의 보고서, 8.

8) Wilhlem von Humboldt, "On the Internal and External Organization of the Higher Scientific Institutions in Berlin", trans. Thomas Dunlap, http://germanhistorydocs.ghi-dc.org/sub_document.cfm?document_id=3642(2013년 6월에 열람).

9) Charles Eliot, "The New Education", Atlantic Monthly, February 27, 1869, http://www.theatlantic.com/magazine/archive/1869/02/the-new-education/309049/(2013년 6월에 열람).

10) Talks to Teachers on Psychology: And to Students on Some of Life's Ideals(Rockville, Md.: Arc Manor, 2008), 25~26.

11) Barbara Miller Solomon, In the Company of Educated Women: A History of Women and Higher Education in America(New Haven: Yale University Press, 1985), 49.

12) M. Carey Thomas, "Should the Higher Education of Women Differ from That of Men?", Educational Review 21(1901). 여기 쓰인 인용문은 에세이의 마지막 문단에 나온다. 이 에세이는 여성의 직업 교육을 강하면서도 유머러스하게 변호하는 문장으로 시작한다. "남녀가 같은 직업에 종사하며 협력하고 경쟁해야 할 때 여성이 남성과 다른 교육을 받는다면 틀림없이 문제가 생긴다." 토머스는 존스 홉킨스 의과

대학 설립을 돕기도 했다.

13) Lester F. Goodchild, "Transformations of the American College Ideal: Six Historic Ways of Learning", New Directions for Higher Education, no. 105(Spring 1999), 15~16에서 재인용.

14) General Education in a Free Society: Report of the Harvard Committee, with an introduction by James Bryant Conant(Cambridge, Mass.: Harvard University Press, 1950), 4, http://archive.org/stream/generaleducation032440mbp/generaleducation032440mbp_djvu.txt(2013년 6월에 열람).

15) 코넌트는 하버드가 뛰어난 재능을 지녔지만 형편이 넉넉지 못한 학생에게 장학금을 주어야 한다고 강력히 주장했다. Menand, Marketplace, 38.

16) General Education in a Free Society, 35.

17) 앞의 보고서, 53.

18) 앞의 보고서, 56.

19) 앞의 보고서, 54.

20) 앞의 보고서, 64.

21) Alan Bloom, The Closing of the American Mind(New York: Simon and Schuster, 1987), 252.

22) 앞의 책, 382.

23) Lauren Weber, "Do Too Many Young People Go to College?" Wall Street Journal, June 21, 2012, http://online.wsj.com/article/SB10001424052970203960804577239253121093694.html(2013년 6월에 열람) 참조.

24) 루미나 재단 웹사이트: http://www.luminafoundation.org/about_us/(2013년 7월에 열람).

25) Jamie P. Merisotis, "The Difference Makers: Adult Students and Achieving Goal 2025", 2011, http://www.luminafoundation.org/about_us/president/speeches/2011-11-03-the_difference_makers-adult_students_and_achieving_goal_2025.html(2013년 7월에 열람).

26) Jamie P. Merisotis, "It's the Learning, Stupid", lecture at Claremont Graduate University, 2009, http://www.luminafoundation.org/about_us/president/speeches/2009-10-14.html(2013년 7월에 열람).

27) aacu.org, 특히 LEAP 프로그램 참조. 나는 현재 AAC&U의 이사로 있다.

28) 틸의 코멘트 참조.

29) http://www.thielfellowship.org/(2013년 7월에 열람) 참조.

30) http://thielfoundation.org/index.php?option=com_
content&view=article&id=33:peter-thiel-announces-2012-class-of-20-
under-20-thiel-fellows&catid=1:commentary&Itemid=16(2013년 7월에 열람)

31) Menand, Marketplace, 55.

32) Andrew Delbanco, College : what It was, Is and Should Be(Princeton University
Press, 2014, 85.

33) Victor E. Ferrall Jr., Liberal Arts at the Brink(Cambridge, Mass.: Harvard University
Press, 2011), 47. 페럴은 GDA Integrated Services, Three Cues newsletter, 2007,
www.dehne.com를 인용함.

4장

1) The Philosophy of John Dewey, ed. John J. McDermott(Chicago: University of
Chicago Press, 1973), 464.

2) John Dewey, "Education vs. Trade Training": Robert B. Westbrook, John
Dewey and American Democracy(Ithaca: Cornell University Press, 1991), 176에서
재인용. 웨스트브룩은 제한적 직업교육에 대한 듀이의 반대를 명확히 설명했다.

3) The Philosophy of John Dewey, 443.

4) 앞의 책, 486.

5) 앞의 책, 487.

6) 앞의 책, 493.

7) 앞의 책, 503.

8) 앞의 책, 64~65.

9) 앞의 책, 59.

10) 앞의 책, 95.

11) John Dewey, "The Function of the Liberal Arts College in a Democratic
Society: The Problem of the Liberal Arts College", American Scholar 13, no.
4(1944): 391~393.

12) James T. Kloppenberg, "Pragmatism and the Practice of History: From Turner and Du Bois to Today", Metaphilosophy 35(2004): 213.

13) Martha Nussbaum, Not for Profit: Why Democracy Needs the Humanities(Princeton: Princeton University Press, 2010), 60.

14) 앞의 책, 65: Dewey, The Child and the Curriculum: Including the School and Society(New York: Cosimo, 2010), 15에서 재인용.

15) Richard Rorty, "Education as Socialization and as Individualization", Philosophy and Social Hope(New York: Penguin, 1999), 114~126.

16) "Statement to the Conference on the Curriculum for the College of Liberal Arts": Robert Orrill, "An End to Mourning: Liberal Education in Contemporary America"에서 재인용, Bruce Kimball, The Condition of American Liberal Education: Pragmatism and a Changing Tradition, ed. Robert Orrill(New York: College Board, 1995), xvii.

대학의 배신

「이 도서의 국립중앙도서관 출판시도서목록(CIP)은
서지정보유통지원시스템 홈페이지(http://seoji.nl.go.kr)와
국가자료공동목록시스템(http://www.nl.go.kr/kolisnet)에서 이용하실 수 있습니다.
(CIP제어번호: CIP2016000974)」

대학의 배신

초판 1쇄 발행 2016년 2월 29일

지은이 마이클 로스
해제 오찬호
옮긴이 최다인

발행인 윤을식

책임편집 박은아
편집 표미영 이현선

펴낸곳 도서출판 지식프레임
출판등록 2008년 1월 4일 제2016-000017호
주소 서울시 서초구 효령로26길 9-12, B1
전화 (02)521-3172 ㅣ **팩스** (02)6007-1835

이메일 editor@jisikframe.com
홈페이지 http://www.jisikframe.com

ISBN 978-89-94655-43-7 03370